Queralphabeet

Zeitkritische, nachdenkliche und humorvolle Gedichte
von Rainer Thomsen + Zeichnungen von Uwe Beer

Impressum:
Texte und Titelseite: Rainer Thomsen, Hamburg, Fax: 040-536 53 84.
Zeichnungen: Uwe Beer, Sereetz bei Lübeck, E-Mail: mu-beer@gmx.de.
Die Vignetten Hand und Blume sind aus Textverarbeitungs-Programm Winword.
Herstellung und Verlag: Books on Demand GmbH, Norderstedt.
Printed in Germany, 1. Auflage Januar 2004. Alle Rechte vorbehalten.

ISBN 3-8334-0493-0

Inhaltsverzeichnis

7 Vorwort
8 ... erste Seite ...
9 Adam und Eva
9 Affe
9 Akten
10 Albtraum
10 Arbeitsplätze
11 Amerika
11 Arbeitstag
11 Astrologie
12 Autonamen
14 Baukultur
18 Balance
18 Banditen
19 Beispiele
19 Bekanntschaft
20 Berufe-Raten
20 Büroschlaf
21 Buchung
21 Buß- und Bettag
22 Christus
25 Christ?
25 Christenleben
26 Computer
26 Cool
26 Damen
26 Denken
27 Demonstration
27 Denkmal
28 Dichten
34 Dummheit
36 Dreizehn
37 Dunkelfirma
37 Egoismus
37 Eigenart
38 Entschlossenheit
38 Erfahrung
39 Erfinder
39 Esoterik
40 Ewigkeit

41 Fälle-Falle
42 Familie X
44 Fernsehen
46 FDH (futtere die Hälfte)
46 Feste
47 Fisch-Symbol
47 Flecken
48 Forscher
49 Forschung
50 Fortschritt
51 Frechheit
51 Geiz und Gier
51 Geländewagen
52 Gefahren
54 Gemeinnutz
54 Geschmäcker
55 Geschwindigkeit
56 Gewinde
58 Gewissen
58 Giftnudel
58 Gleichheit
58 Globus
59 Glück
59 Grillen
59 Großverdiener
59 Gruß
60 Gut und Böse
60 Haarig
61 Halbwahrheit
61 Händedruck
61 Harfe
62 Heimwerker
65 Helfer
66 Himmel
67 Himmel und Hölle
67 Hobbykünstler
68 Holz
69 Horoskop
70 Humor
72 Ideologien
73 Ignorant
73 Informationen

74 Informations-Flut
79 Interessen
79 Journalist
79 Karriere
79 Kauen
80 Kind
81 Kirchenbank
81 Kitsch, Krimskrams&Co.
82 Klartext
83 Kleingeist
83 Kompromiss
83 Konferenz
84 König und Hofnarr
86 Konkurrenz
87 Könner
87 Kosme-Tick
87 Kreuz und b
88 Kunst
89 Kunst-Snob
89 Leben
90 Leid
90 Liebe
91 Lob
91 Lotto
92 Mancherlei manch
92 Materialismus
92 Minderwertigkeits-Komplexe
93 Missverständnis
93 Mittelmäßigkeit
94 Mitläufer
94 Mode
94 Mops
95 Moral
95 Muße
96 Nachrichten
97 Namenlos
97 Neureich
98 Nobelkarossen
98 Notruf
98 Nullen
99 Nummern

99 Oberflächlichkeit
100 Obst
100 Opferbereitschaft
101 Opportunist
101 Ordnung
101 Panne
102 Phlegoist
102 Pi Komma null
103 Predigt
103 Probleme
104 Qualm
104 Rache
104 Radler
105 Rationalisierung
105 Rechnen
105 Rechtsanwalt
105 Rechtsbrechung
105 Registratur
106 Reichtum
108 Reiter
108 Rente
109 Richtung
109 Scheinheiligkeit
110 Schlaflosigkeit
110 Schlagertexte
111 Schlechtigkeit
111 Schmerz
111 Schönheit
111 Schuld
111 Schule
112 Sein und Schein
113 Selbstbeherrschung
114 Shredder
114 Silben
115 Sippenhaftung
115 Snob
116 Socken
117 Sorgen
117 Sparer
117 Spaziergang
117 Spende

118 Spesenritter
118 Spiegelbild
118 Spuren
119 Starkstrom-Labor
122 Stellenwert
122 Stiftzahn
122 Straßen-Idyll
122 Streber
123 Streitkultur
124 Striptease

124 **T**alar
124 Talent
125 Tapete
125 Tarnung
125 Therapie
125 Tiger
126 Titel
126 Trampelpfad
127 Trigamie
127 Trotz
128 Tüftler

129 **U**mweg
129 Unaufrichtig
129 Unkenntnis
130 Unkraut
130 Unlust
131 Unordnung
131 Unternehmer
131 Unterschied
132 Urmensch

134 **V**erdacht
134 Vergangenheit
134 Verkehr
135 Verlegt?
136 Verleihen
136 Vermessen
136 Vernunft
136 Vernunftehe
137 Vorurteil

137 **W**aage
138 Weltall
138 Werbung
138 Wetter
139 Wichtigtuer
139 Wissen
139 Witze

140 **X**anthippen

140 **Y**psilon

141 **Z**ahnarzt
141 Zähnerie (Szenerie)
141 Zeitgeist
142 Zeitungszahlen
144 Zitate
146 Zufall?
148 Zweifel?

149 ... letzte Seite ...
150 Nachwort
151 Anhang zu „Dichten"
152 Die Autoren
153 Warum ich Christ ...
154 Das Buch „Guter Rat für A."
156 Stichwortverzeichnis

....
....
....
....
....
....
....
....
....
....
....
....
....
....
....

Vorwort

Dieses Büchlein bietet eine Fülle der verschiedensten Gedichte klassischer Art, noch mit Reim und Rhythmus, vom „Ultrakurzgedicht" mit gerade mal vier Wörtern (S. 138) bis zum „abendfüllenden Epos" mit sechs Seiten (S. 28 – 33).

Die Themen reichen vom Wortspiel (z. B. „Reiter", S. 108) über Unterhaltung und Zeitkritik bis hin zum Nachdenklichen. Die Situation in „Radler" (S. 104) kenne ich zum Glück nicht. Hoffentlich hilft das Gedicht, solche Unfälle zu vermeiden.

Die Gedichte sind grob alphabetisch nach Titeln geordnet. Das ist unüblich bei Gedichtbänden, sorgt aber für eine gute Mischung von zeitkritischen, nachdenklichen, nützlichen und unterhaltsamen Gedichten. Es erleichtert auch die Suche nach einem Gedicht, dessen Titel man noch erinnert. Sonst hilft das ausführliche Stichwortverzeichnis am Ende.

Wer das Buch in einem Sitz durchliest, hat wenig davon. Besser wäre es, ab und zu ein Gedicht zu lesen und dann nachzudenken bzw. zu diskutieren, ob die Aussage stimmt. Das wäre auch eine Denkübung und bietet Gesprächsthemen. Beim Vorlesen oder Vortragen aus diesem Buch hilft es, dass man nur bei den langen Gedichten umblättern muss. Dort zeigt eine kleine Hand, dass es noch weiter geht.

Ich würde mich freuen, wenn das Buch seinen Lesern nicht nur Spaß, Entspannung und interessante Denkanstöße, sondern auch die eine oder andere Hilfestellung in diesem doch manchmal etwas mühsamen Leben geben würde.

Hier und da attackiere ich auch menschliche Schwächen, und das erfreut nur, so lange man nicht selbst getroffen wird. Es kann aber auch ein Anstoß sein, etwas an sich zu arbeiten.

Bei dieser Gelegenheit danke ich allen, die mich durch ihr Interesse ermutigt haben, nun noch mehr zu veröffentlichen. An Uwe Beer herzlichen Dank für die pfiffigen Zeichnungen, die er nach meinen knappen Stichworten oder unbeholfenen Skizzen angefertigt hat, mit vielen guten eigenen Ideen. Meiner lieben Frau danke ich für ihre geduldige Begleitung, für Rat und Tat und nicht zuletzt für ihr Korrekturlesen.

Rainer Thomsen

Hier kommt schon, liebe Leute,
von „A" die erste Seite.
Damit man besser folgen kann,
fang tunlichst ich bei „Adam" an.

Adam und Eva

Als Adam einst das Paradies
nach seinem Sündenfall verließ,
da blieb bei ihm als Souvenir
die Eva. Das war lieb von ihr. ❀

Affe

Die Wissenschaft gab stolz bekannt,
dass Mensch und Affe sind verwandt.
Es ist bei mancherlei Gestalten
tatsächlich ähnlich das Verhalten. ❀

Akten

„Denn was man schwarz auf weiß besitzt,
kann man getrost nach Hause tragen."
– schrieb Goethe. Dazu wär zu sagen,
dass, was verkramt ist, auch nichts nützt.
Denn Zettel, die im Wust verschwinden,
wie soll ein Mensch die wiederfinden? ❀

Albtraum

Was träumt man so im Lauf von Jahren?!
Zum Beispiel nackt im Bus zu fahren
und vieles mehr, was niemand mag.
Doch schlimmer, als am Jüngsten Tag
schlecht dazustehen vor Gericht,
sind selbst die ärgsten Träume nicht. ✤

Arbeitsplätze

Ob die Gewerkschaft wohl bedenkt,
dass man durch hohe Kosten
die Arbeitsplätze schnell verschenkt
ins Ausland, Richtung Osten? ✤

Amerika

Fast jeder sagt „Amerika",
meint damit nur die USA,
als wär's der ganze Kontinent.
Hat er in Geo wohl gepennt? ❀

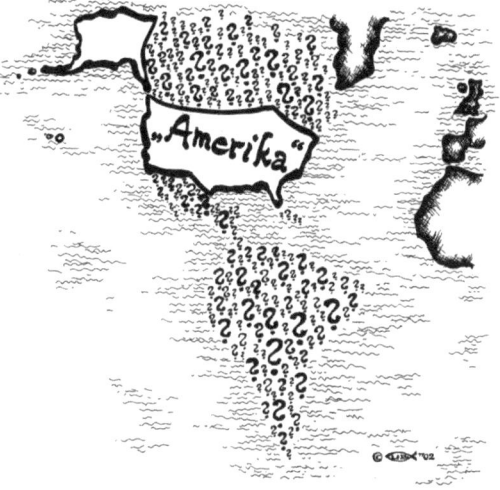

Arbeitstag

Der eine nutzt den Arbeitstag,
sein Pensum hinter sich zu bringen.
Der andre wurstelt ganz gemach
ein wenig, um vor allen Dingen
den Arbeitstag gut durchzustehen.
Der Unterschied ist wohl zu sehen. ❀

Astrologie

Es stimmt, dass Sterne niemals lügen:
Sie haben immer nur geschwiegen.
– Für Astrologen kann hingegen
man nicht die Hand ins Feuer legen. ❀

Autonamen

Wen wundert's nicht, welch' vage Namen
so manche Wagen schon bekamen?
Tagtäglich kann man viele sehen
doch wird nicht jeder sie verstehen:

Im „Rochen" fährt mit voller Tolle	Manta (Opel)
ein Schnösel seine tolle Olle.	
Im „Bambusbär" der matte Gatte	Panda (FIAT)
nur eine glatte Platte hatte.	
Auf einer schnellen „Bergeszacke"	japanisch: YAMAHA
hockt Opi flott in Rockerjacke.	
Sein fern-ostentatives Krad	
viel Chrom, doch noch mehr Phone hat.	
Dann kommt, man sieht ihn wirklich kaum,	
ein Knirps in seinem „Glockenbaum".	japanisch: SUZUKI
Im „mein Geruchsvertilger" sitzt	franz.: Mondeo (FORD)
ein Typ, der weithin riechbar schwitzt.	
Auf einem Parkplatz dann am Wege	
sieht zahnlos Fahrer man und „Säge",	span.: Sierra (FORD)
und unverfroren nebenbei	
steht „Schneefall" – auch bei Hitzefrei.	span.: Nevada (RENAULT)
Selbst im Polarkreis heizt geschwind	
bei Eis und Schnee der „Tropenwind".	niederl.: Passat (VW)
Es fahren mit „Betonungszeichen"	franz.: Accent (Hyundai)
auch Radebrecher und dergleichen.	
Ganz ohne Pferd sieht überall	
in Deutschland man den „Pferdeball".	englisch: Polo (VW)
Selbst in den Alpen gibt's „Gezeiten"	span.: Marea (FIAT)
und „schönes Meer", wer will's bestreiten?	span.: Marbella (SEAT)
Denn dort man auch nicht lange sucht	
nach einer „großen Meeresbucht"	griechisch: Golf (VW)
– sie heißt auch „Luxus-Marmelspiel".	schottisch: Golf (VW)
Auch „Durchfuhr" sieht man immer viel.	ital.: Transit (FORD)

"Marinelehrling" könnte schaden   franz.: Kadett (OPEL)
Wettfahrt mit einem schnellen „Gnaden",   spanisch: Mercedes
in denen graue Eminenzen
mit viel PS und Lenzen glänzen.

Mit „Herz" fährt auch so manches Bübchen,   ital.: Cuore (DAIHATSU)
knutscht parkend zärtlich mal ein „Liebchen",   russisch: Lada
kriegt auch dabei noch schnell ein „Küsschen"   span.: Besito (SEAT)
zu sehn und mehr verbale Stüsschen.

Beim „Ringelpiez" sieht man auch ganz   span.: Fiesta (FORD)
zufällig den „Folkloretanz"   span.: Bolero (PEUGEOT)
und hört ein „Instrumental-Stück",   franz.: Prelude (HONDA)
hält auch mit „Beifall" nicht zurück.   lat.: Applause (DAIHATSU)

Doch klingt „Zusammenklang" nicht gut,   lat.: Accord (HONDA)
wenn man mit Schwung zu zweit ihn tut
mit einem, der in seinem „Stern"   lat.: Astra (OPEL)
wär schneller als die „Erste" gern.   span.: Primera (NISSAN)

Fährt man vorbei an einem „Haff"   span.: Laguna (RENAULT)
und an der „Grenze", sieht ein Kaff   span.: Frontera (OPEL)
man in der „Steppe", und dort haust   franz.: Prairie (NISSAN)
ein „Raubtier", das ganz tierisch saust.   guaraní: Jaguar

Kein Wunder, dass in „Massenflucht"   lat.: Evasion (CITROËN)
so mancher schnell zu fassen sucht
für alle Fälle eine „Knarre" –   Colt (MITSUBISHI)
nur leider fährt zu schnell die Karre.

So geht es fleißig immer weiter,
mal dümmlich, doch auch manchmal heiter,
denn man betört mit sehr viel Eifer
und Mode-Namen gern die Käufer. ✿

Ein Vorschlag an die Kraftfahrzeug-Industrie für weitere klangvolle Autonamen – die Bedeutung ist natürlich wie immer ganz unwichtig: Asket, Canaille, Desaster, Dilemma, Fakir, Fauxpas, Foul, Havarie, Inferno, Kretin, Lapsus, Malaise, Malheur, Misere, Sparta, Trouble.

Baukultur

Es hat vor vielen, vielen Jahren
die Wissenschaft verblüfft erfahren:
Atome sind, das wurde klar,
wie Sonnen mit Planetenschar.
Ganz ähnlich ist das Bausystem,
nur Größenunterschied extrem.

Mir scheint, manch deutscher Architekt
hat dies Prinzip für sich entdeckt
und lässt den kleinen Ziegelstein
das Vorbild großer Bauten sein:

Stellt er den Ziegel hochkant hin,
bringt er als Hochhaus viel Gewinn.
Legt er ihn flach hin, wird er so
zum deutschen Einheits-Bungalow,
doch stellt er ihn auch gerne
quer hin, als Mietskaserne.

Der Architekt neudeutscher Art
an Formenvielfalt reichlich spart.
Er hat 'ne ganz besondre Ader
für Kästen, Klötze und auch Quader.

Der rechte Winkel ist ein Muss,
für ihn der Weisheit letzter Schluss.
– Den sogenannten Musenkuss
gibt es ja nicht im Überfluss.

Doch wird kein Mensch es je bestreiten:
Verwirrend sind die Möglichkeiten
beim Flach-, Pult-, Walm- und Satteldach.
Der Künstler denkt verzweifelt nach.

Man kann ihn wirklich nicht beneiden,
er muss sich fast allein entscheiden:
Was der Bebauungsplan diktiert,
wird treu und brav auch ausgeführt!

Statt Chic und Charme nur starre Formen.
Es riecht von weitem schon nach Normen.
Ob das so sein muss, ist nicht klar
dem, der schon mal im Süden war:

Im Süden sieht es anders aus.
Da hat selbst manches schlichte Haus
noch Säulen, Bögen, Balustraden.
Und selbst verwaschene Fassaden
sind malerisch und lebensfroh.
Warum ist es bei uns nicht so?

Was hat der Architekt davon,
baut grau in grau er aus Beton
mit öden Kanten, tristen Flächen?
Es wird sich auch für ihn mal rächen:

Sein Ort, sein Land sieht Haus für Haus
bald nur noch fad und kantig aus,
und will er schöne Häuser sehen,
muss er schon fast ins Ausland gehen. ☞

Es wäre freilich ungerecht,
zu sagen, dass alleine schlecht
und einzig schuld an der Misere
der deutsche Architekt nur wäre.

Denn auch der Paragraphenreiter,
der denkt zu selten einmal weiter,
dass seine eng gestrickten Normen
auch kleinkarierte Menschen formen.

Doch ist ein Bauherr wirklich schlauer,
der Klötze ordert und auch fordert,
dass Krampf man aus dem Boden stampf,
betonbetont und arm an Charme?
Der allen Kram, den er bekam,
auch noch – für bare Münze – nahm?

Manch Baukonzern kriegt jedenfalls,
auch niemals voll genug den Hals
und baut sehr gerne jeden Mist,
sofern viel zu kassieren ist.
Was soll er wegen Quadern hadern?
Er kann an Klötzen sich ergötzen!

Auch manch Investor denkt an Zaster,
an Mieten nur und Parkplatzpflaster.
Was schert ihn alle Baukultur?
Doch nicht die Bohne – keine Spur!
Er denkt an die Rendite nur.
Denn hätte er IQ wie Kilos,
der Bauherr würd die Silos nie los.

Dann schließlich gibt es noch den Mieter,
doch da der Kette schwächstes Glied er,
ist froh er, dass man überhaupt
im Klotz zu hausen ihm erlaubt.
Wer sonst einzieht, was juckt's den Käufer,
ob Dealer, Junkies oder Säufer?

Im Dunkeln lungern auf den Fluren
so manche albernen Figuren,
die sich ansonsten amüsieren
mit Toben, Grölen, Müllen, Schmieren.

Sie alle hören Tag und Nacht
nur Schrottmusik, so dass es kracht.
– Das ist nun mal von früh bis spät
des Mieters Lebensqualität.

Es gibt ja unter Menschenkindern
so manche Art von Umweltsündern.
Die Namen will ich hier nicht nennen,
Sie würden sicher manche kennen.

Ich wünsche mir, dass wir von fernen
Bau- und auch Lebenskünstlern lernen:
Die Welt wird so, wie wir sie machen.

Wir haben bald nichts mehr zu lachen,
wenn wir an den Profit nur denken
und unsere Seele selbst verschenken. ✿

Balance

So mancher, der noch ziemlich jung,
fällt auf die Nase oft mit Schwung.
Dagegen können oft die Alten
weit besser die Balance halten.
Das gilt nicht nur für Säuglingszeiten.
Man kann's auch übertragen deuten. ❀

Banditen

Von Western-Filmen kennt man sie:
Banditen rauben Geld und Vieh
zu Pferd. Sie ballern mit Gewehren,
sind weit zu sehen und zu hören.

Die Gangster fanden mit den Jahren
viel effektivere Verfahren,
wie sie, was anderen gehört,
bequem im Sessel statt zu Pferd
und mit dem Stift statt mit Pistolen
sich lautlos auf ihr Konto holen.

Und mag man noch so pfiffig sein:
Gerechtigkeit holt jeden ein
und trifft den Täter wie ein Schlag.
Wenn hier nicht, dann am Jüngsten Tag. ❀

Beispiele

Ist etwas schwierig zu erklären,
so wird man oft ein Beispiel hören.
Dann mancher Mensch sehr schlau sich dünkt,
wenn er bemerkt: „Dies Beispiel hinkt!"
Doch hinkt sein Denken, statt zu glänzen,
denn jedes Beispiel hat ja Grenzen. ✾

Bekanntschaft

Durch Zufall trafen, wie nur selten,
sich zwei aus weit entfernten Welten:

Der Erste, klug und geistig rege,
der ginge gern doch aus dem Wege
dem Zweiten, der nun hocherfreut
und stundenlang das wiederkäut,
was er, ein ziemlich schlichtes Wesen,
im Groschenblatt sich angelesen.

Der Zweite fühlt sich sehr geehrt.
Dem Ersten geht es umgekehrt:
Es quält ihn sehr die Langeweile,
drum sinnt er, wie er schnell enteile,
doch fehlt ihm die Gelegenheit
zur Flucht, obwohl er sprungbereit.

Der Zweite später stolz verkündet,
in welch Gesellschaft man ihn findet.
Zum Beispiel neulich hat beim Essen
der X an seinem Tisch gesessen. –
Dem Ersten aber ist wahrscheinlich
solch ein Bekannter eher peinlich.

So etwas gibt es, will ich meinen,
am Arbeitsplatz und in Vereinen,
bei Nachbarn und Verwandtenschar,
ja – manchmal auch bei einem Paar.
Es ist sehr oft des einen Glück
dem andern mehr ein Missgeschick. ✾

Berufe-Raten

Die ihm die Zähne zeigen,
bringt er sehr schnell zum Schweigen. (tzranhaZ)

Was er verkauft zu teurem Preise,
dient andern, nicht ihm selbst, zur Speise. (rekehtopA)

Der eine zahlt für seine Gunst.
Den andern legt er rein mit Kunst. (tlawnasthceR)

Die wenig wissen, fragt mit Fleiß,
der alles selbst viel besser weiß. (rerheL)

Er rennt dem Spielzeug hinterher,
als ob's der Ernst des Lebens wär. (rellabßuF)

Was er spendiert aus der Retorte,
ermüdet mehr als viele Worte. ❀ (tsisehtsänA)

Büroschlaf

So mancher schläft im Sitzen ein,
trotz Lärm und hartem Stuhle.
Es soll nicht allzu schwierig sein.
Man lernt es in der Schule. ❀

Buchung

Bei mancher Buchung
ist die Versuchung
in punkto Steuer
ganz ungeheuer. ✿

Buß- und Bettag

Den Buß- und Bettag hält womöglich
der eine nie, der andre täglich,
denn Buße ist im Grunde nur:
Kursmessung erst, dann Korrektur. ✿

Christus

Sagt heute nicht fast jedermann:
„Ich glaub nur, was ich sehen kann!"
Und mancher denkt: „Wenn Gott sich jetzt
zu mir an diesen Tisch hier setzt,
vielleicht zu einem Gläschen Wein,
dann würde ich wohl gläubig sein!"

So Ähnliches passierte schon,
als auf die Welt kam Gottes Sohn,
vor langer Zeit, zweitausend Jahren,
wie in der Bibel zu erfahren.

Im letzten Viertel, das man kennt
und schätzt als „Neues Testament",
da stehen sogar vier Berichte
von Augenzeugen der Geschichte.

So ist uns die Geburt bekannt,
und dass man Jesus ihn genannt.
Er war als Kind schon wissbegierig,
und die Erziehung war nicht schwierig.

Von da ab, bis er dreißig war,
ist uns nur wenig offenbar,
denn lange war er zwischen allen
den andern wohl kaum aufgefallen.

Dem Pflegevater in der Zimmerei
half er ganz sicher viele Jahre treu,
aus Stämmen viele Balken zuzuhauen
und damit Häuser fachgerecht zu bauen.

Dann ging er los, davon erzählte
das „Evangelium": Er wählte
sich „Jünger" aus als Mitarbeiter.
Zwölf Freunde, ständige Begleiter.

Sie grillten Fisch zusammen, tranken Wein.
Man lud sie hier und da zum Essen ein.
Doch das allein war nicht ihr Lebenssinn,
denn Jesus zog es zu den Menschen hin:

Er wanderte umher drei Jahre lang
und heilte viele Menschen, die sehr krank.
Er predigte von Gottes Himmelreich
und brachte manches Beispiel zum Vergleich.

Und immer ihn von Herzen freute,
wenn jemand seine Schuld bereute.
Doch Menschen, die sich selbst verehrten,
von ihm sehr harten Tadel hörten.

Drum hatten diese eitlen Toren
sich wütend gegen ihn verschworen,
und waren auch zum Mord bereit
– bei günstiger Gelegenheit.

So wurde Jesus in der Nacht
gefangen, grausam umgebracht,
nach falschen Zeugen, Folter, Hohn
ans Kreuz geschlagen. Gottes Sohn!

Das Ende? Nein, der Anfang! Was geschah?
Die Rettung, lang versprochen, war nun da:
Das Opfer, das dem Sünder, der bereut,
gibt Gnade und vor Gott Gerechtigkeit.

Das war an einem Freitag so geschehen.
Doch Sonntag früh: Der Tote nicht zu sehen!
Dann ist er zu den Jüngern schnell gekommen,
die waren voller Freude, wie benommen.

Bei Jesus waren alle Wunden
verheilt zwar, aber nicht verschwunden.
So sah auch Zweifler Thomas schließlich ein,
dass Jesus lebt. Es kann kein andrer sein!

Zwei Jünger sah er ihres Weges gehen.
Sie sagten ihm ganz traurig, was geschehen,
und hatten ihn vor Kummer nicht erkannt.
Er gab sich zu erkennen und verschwand. ☞

So war er vielen Jüngern dann erschienen,
ermahnte sie, dem Himmelreich zu dienen,
versprach, schon bald den Geist von Gott zu senden,
um so sein Wirken hier noch zu vollenden.

Als Jesus dann nach seinen Erdenjahren
zum Vater in den Himmel aufgefahren,
da sagten Engel, alle konnten hören:
„Wie Jesus ging, wird er auch wiederkehren!"

An einem Tag, den sie dann Pfingsten nannten,
da waren, die zu Jesus sich bekannten,
versammelt alle treu an einem Ort.
Da schickte Jesus seinen Geist, hielt Wort.

Die Wunder, die dann überall geschahen,
und die auch Fremde hörten oder sahen,
die mussten ihnen unerklärlich sein,
und manche spotteten: Das kommt vom Wein!

Doch Jünger Petrus stand dann auf sofort,
erklärte ihnen erst das Bibelwort
von Joel 2 und was das jetzt bedeute.
Dabei bekehrten sich dreitausend Leute.

Das und viel mehr noch ist beschrieben
im Neuen Testament. Geblieben
ist wohl vom Feuer erster Christen
nur Asche? – Zeit um auszumisten!

Wer meint, dass Jesus Christus nur
der Kirchen Gallionsfigur,
ein guter Mensch war und nicht mehr,
der irrt in diesem Punkt sich sehr.

Doch wer zu Jesus sich bekehrt,
der auch von seiner Macht erfährt,
die Menschen völlig ändern kann,
und nicht nur etwas dann und wann. ❀

Christ?

Es nennt sich mancher Mensch ein Christ,
der doch kein Freund von Christus ist.
Getauft als Baby in der Windel –
ein Grund für Etikettenschwindel?
Doch statt sich „Heide" jetzt zu nennen,
da lernt man besser Christus kennen.
Wer Christen trifft, der kann sie fragen.
Oft klebt ein Fisch-Symbol am Wagen. ❀

Christenleben

Wichtig ist am Christenleben
Glauben, Lieben und Vergeben.
Leider kam im Lauf der Zeit
Kram dazu, dadurch auch Streit. ❀

Computer

In seinem grauen Blechgehäuse,
mit Kabeln hinten reich bestückt,
tut er ganz fleißig, schnell und leise
das, was er soll, was meistens glückt.

Doch manchmal will es ihm nicht passen,
dann hält er sich an kein Gebot
und scheint uns abgrundtief zu hassen,
der seelenlose Vollidiot. ❀

Cool

So mancher, der ganz „cool" erscheint,
ist sich nur selbst der größte Feind. ❀

Damen

Man nannte früher die nur „Damen",
die sich auch damenhaft benahmen.
Das war einmal – weil jetzt man nämlich
selbst die so nennt, die frech und dämlich. ❀

Denken

Das Denken fängt, o denkt daran,
sehr oft beim Unterscheiden an. ❀

Demonstration

Es ziemt sich nicht, mit Matschtomaten
zu werfen auf die Kleptokraten!
Sie sind's, ob kleine oder große,
nicht wert. Kocht doch Tomaten-Soße! ❁

Denkmal

Im Park bei Gracht
und U-Bahn-Schacht
in alter Pracht
voll Geistesfracht
das Denkmal wacht,
gibt immer Acht:
Schon nachgedacht?
Gedanken-Pacht?

Was es wohl macht,
wenn jemand lacht,
der ungeschlacht
und abgeflacht
statt geistentfacht?
Dann aufgebracht?

Und wenn es kracht
Silvesternacht?
Es bebt nur sacht. ❁

Dichten

Zum **Dichten** braucht man nicht sehr viel:
Idee, Reim, Rhythmus, Witz und Stil.
Doch fehlt ein Teil von diesen Dingen,
kann das Gedicht nicht recht gelingen.

Am wichtigsten sind die **Ideen**,
sie lassen ein Gedicht entstehen,
das vorher noch nicht da gewesen.
Sie sind auch Anreiz, es zu lesen.

Doch sind Ideen, wie man weiß,
erst nützlich, wenn man sie mit Fleiß
zu einem **Ganzen** hat errichtet –
geformt, gebaut, gemalt, gedichtet.

Zunächst entwirft man eine nette
und logische **Gedankenkette**,
die ein Skelett, ein Baugerüst
für die geplanten Verse ist.

Dies Fachwerk sei so **kurz** wie möglich.
Langweilig wird es sonst, und kläglich.
Es wird dann noch zu einem Bild
mit Wörtern passend ausgefüllt.

Dabei ist wichtig auch der **Stil**,
ein möglichst gutes Sprachgefühl,
welch Satzbau, welche Worte passen,
um die Gedanken gut zu fassen.

Die **Spannung** dadurch nur entsteht,
dass man nicht weiß, wie's weitergeht.
Kommt die Erkenntnis wie ein Blitz,
hat das Gedicht sogar noch Witz!

Der **Reim** verschönt der Sprache Klang
beim Vortrag wie auch beim Gesang.
Er hilft dann auch, von Dichtungswerken
den Wortlaut leichter sich zu merken,
der auch des Merkens würdig, klug.
(Merkwürdigkeit ist nicht genug.)

Ein Text, der voll Pointen steckt,
wird durch das **Dichten** ganz perfekt,
doch wenn er fade und verwässert,
man auch durchs Dichten ihn nicht bessert.

Und dort, wo **Wahrheit** ist am Platz,
ist Reim allein noch kein Ersatz.
So mancher Reim, der wohlgefügt,
vertuscht, dass man uns frech belügt.

Reim fordert, dass der **Zeilenschluss**
ab letzter Hebung gleich sein muss
im Klang. Egal, wie er geschrieben:
Man reimt betrüben auch auf lieben!

Doch beispielsweise reimt auf Lötzinn
buchstäblich sich fast nur noch **Blödsinn**,
und selbst der kluge Eugen Roth
mit Zebra – Bebra kam in Not.

Ein wirklich gut gewählter Reim,
der wird dezent, schon fast geheim,
die Sprache nur geschickt **verzieren**,
anstatt sie bös zu malträtieren.

Der **Rhythmus** ist das Auf und Ab
in der Betonung, wie ein Trab.
Wer sich nicht an den Rhythmus hält,
der stolpert, was uns nicht gefällt.

Die **Takte** muss man manchmal zählen,
auffüllen dort, wo welche fehlen,
und kürzen dort, wo noch zuviel.
Es ist ein echtes Puzzlespiel! ☞

Ein Ziel ist ja für das Gelingen,
dass Verse ganz **natürlich** klingen,
so, wie man ohne Reim auch spricht.
Dann klingt harmonisch das Gedicht.

Doch schadet's nicht, in manchen Fällen
den **Satzbau** etwas umzustellen,
damit betont und unbetont
stets wechseln, wie beim Vers gewohnt.

Durch Reim und Rhythmus wir erreichen,
dass sich im Klang zwei Zeilen gleichen.
Der **Gleichklang** gibt uns nämlich die
Empfindung schöner Harmonie.

Nun noch ein Rat, der gut gemeint:
Manch Dichter hatte, wie es scheint,
Radierer und **Papierkorb** nicht.
So denkt man, liest man sein Gedicht.
(Ob dies hier auch darunter fällt,
das sei erst mal dahingestellt.)

Wem Reim und Rhythmus sind zu schwierig,
der macht es ohne, nennt es „**Lyrik**".
(Man kann Texte, schaurig-schön,
die sich „Lyrik" nennen, sehn.)

Nun will ich **Strophenformen** nennen,
die wir aus Zeilen bilden können.
Es gibt ein ganzes Sortiment,
das sicher nicht ein jeder kennt:

Beim **Paar-Reim**, den auch hier wir sehen,
zwei Zeilen eng zusammen stehen,
Die Form heißt auch A-A-B-B.
Und weiter geht's wie eh und je.

Falls durch viel Takte ziemlich lang
beim Paar-Reim sind die Zeilen,
dann kann man sie auch ohne Reim
in ihrer Mitte **teilen**.
Das gibt, dem Kreuz-Reim etwas ähnlich,
die Form A-B-C-B gewöhnlich.

Der **Binnen-Reim** hat innen Reim.
Der ist so wie ein Tropfen Leim,
der umgekehrt aus kurzen Teilen
zusammensetzt dann ganze Zeilen.

Beim **Schüttel-Reim** kann „Räder leimen"
sich immer nur auf „Leder ..." reimen,
denn man vertauscht die Konsonanten,
weshalb sie „Schüttelreim" ihn nannten.

Beim **Kreuz-Reim**, Form A-B-A-B,
braucht man an Paaren immer zweie.
Es zeigt uns dieser Vers den Dreh:
Sie machen eine bunte Reihe!

Beim **Klammer-Reim**, A-B-B-A,
ein Paar das andere umschlingt,
was nicht so sehr natürlich klingt.
Wir sehn an diesem Vers es ja.

Der **Schweifreim** schließlich ist, o je,
mit A-A-B und C-C-B,
schon ziemlich abgehoben.
Man kann auch mit drei Paaren nur
errichten diese Kunstfigur,
die Goethe würde loben.

Ist eine Zeile angefügt,
ganz ohne Reim, was auch genügt,
die nennt man eine **Waise**. ☞

Bei dem **Limerick** ganz echter Art
ist der Rhythmus besonders apart.
Seine Form A-A-B-
B-A kam aus „Ju-Ke" *,
und am Horror wird wenig gespart.

So weit, so gut, für heute wäre
zu Ende meine Dichtungs-Lehre.
Es gibt noch manche andren Formen,
die kann und will ich hier nicht normen.
Nicht alles muss in Kästen passen.
Man muss dem Künstler **Freiheit** lassen.

Manch **Oberlehrer-Typ**, der nüchtern,
versuchte gern, uns einzuschüchtern
mit Theorien, hochverschroben,
statt Phantasie und Witz zu loben.

Am meisten wohl – das Schicksal will es –
liebt er die **Verse des Achilles**.
Die sucht sich dieser liebe Mann
dort, wo er sie nur finden kann.

Ach, blieben solche **Miesepeter**
bei Anapäst und Hexameter,
Daktylus, Jambus und Trochäus
und, statt Spontanität, Spondeus.

Kein Mensch wird je in Parks, auf Plätzen
dem **Kritikus** ein Denkmal setzen.
Kein Schulkind hat je den Verdruss,
dass es den Namen wissen muss.

Ein Künstler, der bekannt den meisten,
darf sich wohl jeden **Schwachsinn** leisten
und wird dafür noch hoch verehrt
von Kennern – scheinbar sehr gelehrt.

* Ju-Ke = UK = United Kingdom = Großbritannien

Fällt dir und mir was **Gutes** ein,
so kann es ja nichts Großes sein,
und falls Kritik ist unterblieben,
so unkt man, es sei abgeschrieben.

So ist die Welt! Es heißt ja schon,
dass **Undank** sei allein ihr Lohn.
Doch wird ein Künstler erst entdeckt,
dann alle Welt ihm „speichelleckt".

Ist dir und mir auch nicht vergönnt,
ein Star zu sein, den jeder kennt,
so wissen wir vor allen Dingen
doch, dass wir manchem **Freude** bringen. ❀

(Zum Thema „Dichten" siehe auch Seite 151)

Dummheit

Es ist ein Trend in unsrer Zeit:
Ein jeder hält sich für gescheit.
Doch wer die Augen offen hält,
erkennt viel Dummheit in der Welt.

Das „dumm" wird man erklären müssen:
Mal heißt es nur „hat wenig Wissen",
mal auch „beschränkt, im Kopf nicht richtig"
und oft auch „ziemlich uneinsichtig".

Bei allen dreien ist gewöhnlich
die Wirkung leider ziemlich ähnlich.
Und viel zu oft erlebt man schon
die drei in Personalunion. –

Es gibt den Spruch, und er ist gut:
„Dumm ist nur der, der Dummes tut." *
Den nun genau meint das Gedicht,
wenn es hier von der Dummheit spricht:
Wo Einsicht ist sehr stark gemindert.
(Nicht den, der geistig ist behindert,
denn ihn zu schimpfen für sein Leid
wär gegen jede Menschlichkeit.)

Wie kann man Dummheit nun erkennen?
Soll ich es mal beim Namen nennen?

Wer anspruchsvoll bei Dingen bloß,
doch geistig ziemlich anspruchslos …

Wer immer mit dem Zeitgeist geht
und die, die weiter denken, schmäht …

Wer dann nur – und nur dürftig – denkt,
wenn Lehrer oder Chef ihn drängt …

Wer eng wie durch den Strohhalm sieht,
aus dieser Sicht dann Schlüsse zieht …

Wer eine Sache nach dem Preis
beurteilt – doch den Wert nicht weiß …

Wer urteilt nach PS und Schlips,
nicht nach Charakter und nach Grips …

Wer macht um Kleines großen Streit,
doch hat für Großes „keine Zeit" …

Wer lebt nur für den Augenblick
und klagt, er hat ja niemals Glück …

Wer das nur scheut, wo Strafe droht,
und sonst sich hält an kein Gebot …

Wer Schuld gibt allen in der Welt,
sich selbst jedoch für schuldlos hält …

Wer nie aus seinen Fehlern lernt,
sich immer mehr vom Ziel entfernt …

Wer Schmeichler liebt und Mahner hasst,
und sich nur anhört, was ihm passt …

Wer weiß, dass er mal sterben muss,
doch es verdrängt bis an den Schluss …

… der ist bestimmt nicht allzu helle.
So weit dazu an dieser Stelle. ❀

* Zitat aus dem Film „Forest Gump"

BLÖDORFER BLATT   32. März 2003

Deutschland voller Dummköpfe!

Wissenschaft stellte nach langjährigen Ermittlungen fest:
49,9 % der Deutschen sind überdurchschnittlich dumm!
Die Fachwelt ist entsetzt: Das hätte sie niemals erwartet,
obwohl in den letzten Jahren schon manche Anzeichen
sehr zu denken gaben. Man fürchtet böse Konsequenzen:
Bricht das Ausland die diplomatischen Beziehungen ab?
So eine Blamage für die Nation der Denker und Dichter!   nd

Dreizehn

So mancher meint, dass unbedingt
die Dreizehn ihm nur Unglück bringt.
Doch andre Zahlen sind nicht minder
bedenklich für uns Menschenkinder:

Ob man an rote Zahlen denkt,
an Jahre, vom Gericht verhängt,
ob nur an Flensburgs Punktkartei,
an Mahnung, was zu zahlen sei:
Es können auch ganz andre Zahlen
uns Ärger bringen und auch Qualen.

Und fällt dir mal ein Blumentopf
hoch vom Balkon auf deinen Kopf,
dann ist im Endeffekt egal
des Stockwerks ganz genaue Zahl. ❀

Dunkelfirma

Manch Dunkelfirma bietet an
viel Tricks, wie reich man werden kann
auf Kosten aller, die noch ehrlich,
– statt mit viel Arbeit und beschwerlich.
Mir schwant nur, dass auch mich belügt,
wer schon den Rest der Welt betrügt. ❀

Egoismus

Es wäre gut, wenn alle Eltern wüssten:
Aus kleinen werden große Egoisten. ❀

Eigenart

In jedem Ei ist schon das Gen voll
mit Plänen davon, was entstehn soll.
Es muss dann erst das neue Wesen
selbst seinen eignen Bauplan lesen,
bevor im Lauf der Zeit es dann
die Ei-Gen-Art entwickeln kann. ❀

Entschlossenheit

Nicht oft erlebt zur gleichen Zeit
man Sorgfalt und Entschlossenheit. ✿

Erfahrung

Der Haken ist an neuen Dingen:
Nicht immer sie nach Plan gelingen,
denn die Erfahrung, die hat der,
der Neues wagt, erst hinterher. ✿

(aus dem Gedicht „**Informations-Flut**")

Erfinder

Manch ein Banause dumm belacht,
was ein Erfinder sich erdacht,
und er beweist ihm klar und schlüssig,
dass es absurd und überflüssig,
ja technisch auch unmöglich ist,
und dass er besser es vergisst.

Doch wäre selbiger Banause
in alten Zeiten schon zu Hause,
er sagte just denselben Stuss
zum Druckknopf wie zum Reißverschluss
und allem andern, wo er sieht,
dass ein Erfinder sich bemüht. ❀

Esoterik

Menschen, die nicht gerne denken,
lassen sich vom Zeitgeist lenken:
Gilt als allerletzter Schrei
irgendeine Narretei,
sind mit Eifer sie dabei,
ganz egal, was es auch sei.

Ob „New Age", ob Esoterik:
Manche sind oft sehr gelehrig,
bis sie schließlich doch zum Schluss
merken: Mensch, ist das ein Stuss!
Alles ist ein zweiter, kalter
Aufguss nur – vom Mittelalter. ❀

Ewigkeit

Falls, wer an Gott glaubt, darin irrt,
er es doch niemals merken würd:
Wer sonst soll Tote wecken können,
so dass den Irrtum sie erkennen?
Doch er hat Recht, sagt uns die Bibel.
Auch, dass der Himmel „gar nicht übel".

Ein andrer Mensch, der Gott stur leugnet,
fühlt bis zum Tod sich ausgezeichnet.
Wird er zum Jüngsten Tag geweckt,
zu spät den Irrtum er entdeckt.
– Wie wär's für ihn, im Recht zu sein?
Tot könnt er sich daran nicht freun.

Die Ewigkeit – wie ein Paket,
auf dem nur groß „nichts Schlechtes" steht,
für die, die darauf warten.
Die andern wählen guten Mutes
sich ein Paket mit Schrift „nichts Gutes"
und – haben schlechte Karten.
Darum, o Mensch, bedenke mal,
ob zukunftssicher deine Wahl. ✽

Fälle-Falle – im Zoo und anderswo

Es war was los in unserm Zoo!	Nom. Dat.
Ein Affe starb, und das kam so:	Nom. Nom.
Der Wärter sagt, es schmerzt ihn sehr,	Nom. Nom. Akk.
im Zoo-Büro zum Sekretär:	Dat. Dat.
„Die Schlange ist mir ausgerissen.	Nom. Dat.
Ein Äffchen hat sie totgebissen!"	Akk. Nom.
Der Sekretär: „Soll das denn heißen,	Nom. Nom.
dass Affen auch mal Schlangen beißen?"	Nom. Akk.
„Nein, andersrum, das musst du wissen:	Nom.
Sie hat das Äffchen doch gebissen!"	Nom. Akk.
Zum Chef der Sekretär sagt dann:	Dat. Nom.
„Das Äffchen griff die Schlange an.	Akk. Nom.
Nun ist das arme Tierchen tot.	Nom.
Was tun? Wie lautet Ihr Gebot?"	Nom.
Der Chef denkt nach, geht hin und her,	Nom.
sagt dann zu seinem Sekretär:	Dat.
„Der Affenwärter, der soll eben	Nom.
die tote Schlange Leo geben.	Akk. Dat.
Dann hat der Löwe was zu fressen,	Nom.
und ich kann das Problem vergessen!"	Nom. Akk.
Damit kein Fehler ihm passiert,	Nom. Dat.
der Sekretär sich kurz notiert	Nom.
nur: „Affen, Wärter, Löwe, Schlange",	Nom. Nom. Nom. Nom.
mehr nicht, es dauert sonst zu lange.	Nom.
Dem Schlangenwärter sagt er nun:	Dat. Nom.
„Den Löwen zu den Affen tun!"	Akk. Dat.
Du siehst, man kann sehr leicht verdrehn:	Nom. Nom.
Was ist hier wer, wes, wem und wen?	Nom. Gen. Dat. Akk.
Es fällt nicht leicht, den Fall mit Fällen	Nom. Akk. Dat.
und ohne Reinfall klarzustellen. ✤	Akk.

Nominativ	Genitiv	Dativ	Akkusativ
1. Fall	2. Fall	3. Fall	4. Fall
Wer oder was?	Wessen?	Wem?	Wen oder was?

Familie X

Ob eine Ehe Schicksalsschlag,
ob Trostpreis oder Hauptgewinn,
hängt ab von beiden, Tag für Tag.
Die Ehe hat nur einen Sinn,
wenn beide Seiten mit Geduld
vergeben gegenseitig Schuld.

Auf dieser Welt ist soviel Streit.
Wer lernt daraus? Wer wird gescheit?
Beim Kampf gibt's zwei Verlierer immer,
im Krieg, doch auch daheim im Zimmer.

Beim andern Fehler zu entdecken,
das sollte uns nicht mehr erschrecken:
Wer lebt, der kann auch Fehler machen,
mal sind sie schmerzlich, mal zum Lachen.

Doch der, der liebt, kann auch verzeihen,
kann eigne Fehler auch bereuen.
Er zeigt auch, dass es leid ihm tut,
und macht es bald auch wieder gut:

Es gibt ja viele Möglichkeiten
noch außer Schimpfen, Ärgern, Streiten:
Man kann mit etwas gutem Willen
dem andern einen Wunsch erfüllen.

Ist mal der andre schlecht gestimmt,
wohl dem, der es nicht tragisch nimmt!
Dann wird es auch das beste sein,
man lässt ihn kurz mit sich allein.

Der Mann ist heute sehr belastet.
Oft fehlt die Zeit, dass er mal rastet.
Beruf, Verkehrsstress und Finanzen
ihm oft genug vor Augen tanzen.

Doch auch die Frau hat viel zu tragen,
hat oft Beruf auch und fährt Wagen,
muss Kinder zähmen schon am Morgen,
für Wohnung, Essen, Wäsche sorgen.

Die Kinder haben's auch nicht leicht:
Die Schule mal bis oben reicht.
So manche Typen muss man meiden,
will unter ihnen man nicht leiden.

So gibt es immer wieder Stoff
für jede Art und Menge Zoff.
Doch immer wieder dich erinner:
Zu Haus sind alle die Gewinner!

Vor langer Zeit hat Tag und Nacht
der liebe Gott die Welt erdacht.
Er hat es gut mit uns gemeint:
Die Blumen blühn, die Sonne scheint.

Viel Schönes ist zu sehn, doch hören
wir, dass die Menschen viel zerstören.
Ich hoffe sehr, ihr strengt euch an,
dass Gott bald wieder lächeln kann.

Auch wünsch ich mir, dass diese Predigt
so manchen Kummer schnell erledigt.
Jetzt muss ich leider eilig fort.
Ich komm bald wieder, Ehrenwort! ❀

Fernsehen

Wie schön ist's, abends acht bis zehn
mal einen guten Film zu sehn:
Man sitzt auf seiner Couch gemütlich,
tut sich an Knabbersachen gütlich,
trinkt dazu gern ein Gläschen Wein
und nickt auch manchmal dabei ein.

So geht's dem Menschen durch den Kopf.
Er setzt sich, drückt den Glotzenknopf.
– Es muss ja bei der großen Zahl
von Sendern irgendwo schon mal
ein Film dabei sein, der passabel.
Wozu sonst Schüssel oder Kabel?! –

Dann sieht er das Programmheft an,
hofft, dass er etwas finden kann.
Doch viele Titel in den Spalten
versprechen viel, was sie nicht halten,
verhunzen nur die Abendstunden. –
Nun endlich hat er was gefunden:

„Komödie"! – Das ist das rechte,
weil er auch gern mal lachen möchte.
Denn alles, was sonst mitzuteilen
war von der Welt, ist mehr zum Heulen,
und es bekanntlich keinem nützt,
wenn stöhnend man im Sessel sitzt. –

Er hat noch Zeit und zappt schon mal
sich durch zum Sender seiner Wahl,
sieht Börsensturz und Wetterklage.
Erfreulich nur die Zeitansage:
Das „Lustspiel" fängt jetzt endlich an.
Ob man es so wohl nennen kann?

Die Handlung ist schon ziemlich schwach,
doch lässt sie mit der Zeit stark nach.
Das Drehbuch, falls es sowas gibt,
stammt wohl von einem, der noch übt.
Doch davon weiß er eine Menge:
So zieht man Kleinkram in die Länge.

Die Hauptdarsteller sind, o weh,
wohl bestenfalls Provinz-Milieu
und fleißig im Grimassenziehen,
wobei sie sich um Witz bemühen
mit plattem Scherz und derben Szenen.
Da kann man bestenfalls nur gähnen.

Die Pausen, die sie dabei machen,
sind Zeichen: Publikum soll lachen!
Das lacht tatsächlich auch im Chor –
vom Band. Das hält man für Humor.
Um da zu lachen, braucht man wohl
schon mehr als reichlich Alkohol.

Bei manchen Filmen, wie man unkte,
sind Werbepausen Höhepunkte.
Und das besagte Trauerspiel
hat davon ganz besonders viel.
Noch schöner wär es ja, wenn nicht
der Film die Werbung unterbricht.

Man ist ja in der Werbepause
auch wieder ganz der Herr im Hause,
darf reden, auf Toilette gehen.
Wer will denn schon die Werbung sehen?
Wenn zigmal man dasselbe sieht,
das geht ganz furchtbar aufs Gemüt.

Es fließt ja viel bei jedem Haus
durchs Kabel rein, durchs Siel hinaus.
Man fragt sich wirklich, ob der Mist
im Siel nicht manchmal besser ist. ✿

FDH (futtere die Hälfte)

Die Waage zeigt es dir im Nu:
Legst du mehr auf, legst du mehr zu! ✿

Feste

Man fragt sich oft: Wie kommt es bloß:
Bei manchem <u>Fest</u> ist gar nichts <u>los</u>. ✿

Fisch-Symbol

Man sieht ja hin und wieder Wagen
mit „Fisch" und mancher wird sich fragen,
was man mit diesem Zeichen meint.
Ob Fahrer wohl Aquarienfreund,
Fischhändler oder Angler ist?
Nein, es bedeutet „Ich bin Christ"
und stammt noch aus der fernen Zeit,
als jung und frisch die Christenheit.

Den Fisch man griechisch „Ichthus" nennt
und damit abgekürzt bekennt,
dass <u>**J**esus</u> <u>**Ch**ristus</u> <u>**G**ottes</u> <u>**S**ohn</u>
ist <u>**R**etter</u> des Bekenners schon.
(Wer will denn einmal ganz allein
im Weltall ohne Retter sein?) ✿

(griechisch: IXΘΥΣ = I-ch-th-y-s = Ichthus = Fisch)

Flecken

Wenn Männer auf die Decken kleckern,
die Frauen über Flecken meckern. ✿

47

Forscher (ein nicht sehr forscher)

Ein Forscher forschte jahrelang
nur nach dem leisen Balzgesang
der Kellerassel in der Gruft,
im Dunkeln und bei schlechter Luft.

Der Forscher forschte leider ohne
extrem sensible Mikrofone,
so konnte er zwar Asseln finden,
doch den Gesang noch nicht ergründen.

So traf den Forscher keine Schuld. –
Er forschte später mit Geduld,
ob man mit Ködern (etwa Fliegen)
Seepocken kann zum Hüpfen kriegen.

Auch solche Forschung niemals geht
ganz ohne feines Messgerät:
Sie wandern (das erfuhr man später)
im Jahr nur sieben Nanometer.

Nun forscht er, wie man schaffen könnte
die Zeit vom Abi bis zur Rente
und kriegt für seine großen Mühen
den Kuno-Mumpel-Preis verliehen.

Man sagt, der Kuno-Mumpel-Preis
reicht knapp für eine Tüte Eis,
doch übersteigt (so wie man hört)
das weit noch solcher Forschung Wert. ❀

Forschung

Das, was so manch „Gelehrter" tut,
ist höchstens für sein Konto gut.
Doch für den Steuerzahler zählt
nur das, was ihm ganz dringlich fehlt.

Ein Beispiel, was sehr nötig wär:
Die Einkaufstaschen sind oft schwer,
auch Koffer, Kisten, Postpakete
und die verschiedensten Geräte.
Da wäre doch sehr angebracht
ein Spray, der alles leichter macht,
weil darin irgendwelche Säfte
abschirmen Erdanziehungskräfte.

Ein zweites Beispiel, worauf Garten-
besitzer und auch Landwirt warten,
das sind dressierte Klettermäuse,
die Unkraut, Raupen, Käfer, Läuse,
vor allem aber auch die Schnecken
in Feld und Garten schnell entdecken
und unauffällig gleich vernichten,
ganz ohne Schaden anzurichten.

Das dritte, was auch einfach geht:
Ein Telefon-Spezialgerät,
das meldet, was der andre keift,
bevor er nach dem Hörer greift
und auch, nachdem er aufgelegt,
mal eiskalt und mal aufgeregt.
– Ein Filter wohl auch nötig wär,
der Wörter dämpft, die zu vulgär. ❀

Fortschritt

Die Menschheit, seit man denken kann,
geht hier zurück und dort voran
durch Menschen, die den Weg bereiten
für gute und für schlechte Zeiten.

Die einen brachten uns zum Glück
mit ihrem Geist voran ein Stück.
Und hat man sie im Heimatland
oft nur verspottet und verkannt,
so ließen sie doch, als sie gingen,
uns einen Schatz an guten Dingen,
wie Kunst, Gedanken und Ideen,
die uns zum Wohle fortbestehen.

Nur leider gab's zu jeder Zeit
auch Menschen, die der Menschheit Leid,
ja Tod und großes Elend brachten,
damit sie sich „unsterblich" machten
mit Kriegen, bösem Tun und Lehren.
Die Mehrheit nur, statt dem zu wehren
und treu das Gute zu beschützen,
blieb ruhig in den Sesseln sitzen.

Auch heute muss, ob groß, ob klein,
ein jeder von uns wachsam sein,
denn unsre Umwelt und Natur,
Recht, Wahrheit und Kultur sind nur
geliehen, um sie zu verwalten
und auch der Nachwelt zu erhalten. ❀

Frechheit

Wer an die Stirn sich doppelklickt,
sehr leicht dafür mal Kloppe kriegt. ❀

Geiz und Gier

Lieber Mitmensch, merke dir:
Meide tunlichst Geiz und Gier.
Denn hör, was vielen andern schon passierte:
Es schwindet das Ergeizte und Ergierte,
und selbst wenn davon gar nichts mehr geblieben,
bleibt Geiz und Gier noch ins Gesicht geschrieben.
Du siehst im Spiegel davon keine Spur?
Mag sein. Die sehen andre immer nur. ❀

Geländewagen

Geländewagen schafft sich an,
wer nicht die Einfahrt pflastern kann. ❀

Gefahren

(nicht nur für kleine Kinder)

Fern von hier, in Afrika
und in andern Ländern, da
müssen Kinder sich beim Spielen
hüten vor den Krokodilen,
Löwen, Tigern, Skorpionen
und auch Schlangen, die dort wohnen.

Hierzulande kann mit Tieren
uns nicht ganz so viel passieren.
Oder doch? Denn mancher Hund
beißt mal mit, mal ohne Grund.

Auch Insekten haben Tücken:
Wespen, Bienen, Zecken, Mücken,
Bremsen, Flöhe, auch Hornissen
und so weiter, wie wir wissen.

Doch es droht, was leider wahr,
noch viel größere Gefahr:

Autos rasen überall,
und man muss auf jeden Fall
warten, bis kein Auto fährt,
eh man Straßen überquert.

In der Küche rührst du besser
niemals an die scharfen Messer,
denn es schneiden solche Dinger
nicht nur Käse, leicht auch Finger.

Scharfes Werkzeug von Papa
ist auch nicht zum Spielen da.
Gehst du einmal doch dabei
und verletzt dich, gibt's Geschrei.

In elektrischen Geräten,
Dosen, Lampen, Kabeln, Drähten
da ist Strom, da fass nicht an,
weil es böse enden kann.

Nimm dir auch um Himmels Willen
keine von den bunten Pillen,
die für Oma sind bestimmt,
oder die ein andrer nimmt.

Auch im Garten droht Gefahr:
Schön sind viele Pflanzen zwar,
aber giftig sind auch viele
und nicht gut für Kinderspiele.

Auf der Straße gibt es heute
leider auch sehr schlimme Leute.
Mancher wirkt erst nett und fein,
doch ist schlecht und ganz gemein.

Tabak, Alkohol und Drogen
haben viele schon betrogen.
Auch das allerkleinste Feuer
breitet aus sich ungeheuer.

Schlechte Sachen, die du liest,
schlimme Bilder, die du siehst,
schaden dir im Innern sehr.
Wie, merkst du erst hinterher.
Doch was einmal ist passiert,
kriegst du dort nicht ausradiert.

Früher hieß es, denn das waren
für die Jüngsten schon Gefahren:
„Messer, Gabel, Schere, Licht,
dürfen kleine Kinder nicht."
Auch „Durch Schaden wird man klug."
stimmt. Ist oft nicht früh genug.

„Einmal – keinmal!" mancher sagt,
wenn er in Gefahr sich wagt.
Setzt Gesundheit er aufs Spiel,
dann ist einmal schon zu viel. ❀

Gemeinnutz

Ein braver Mensch, erst recht ein Christ,
tut gerne auch, was nötig ist
zum allgemeinen Wohle.

Ein Egoist kennt so was nicht
und denkt: „Was der sich wohl verspricht?
wohl Punkte oder »Kohle«?"

Für ihn ist Maßstab aller Dinge
allein, dass es ihm Nutzen bringe.
Sein egoistisches Gemüt
ja außer sich nichts andres sieht. ✿

Geschmäcker

Es ist doch wirklich wunderschön,
ein Storchenpaar im Nest zu sehn!
Doch brütet solch ein Storchenpaar,
dann sträubt dem Frosch sich jedes Haar.
Das hätte er zu gern vermieden! –
Ja, die Geschmäcker sind verschieden:
Woran die einen sich ergötzen,
erfüllt die andern mit Entsetzen. ✿

(„mein sein" bedeutet in Hamburg „gehört mir")

Geschwindigkeit

So manche Autos schaffen ja
zweihundertfünfzig ka-em-ha,
vielleicht auch mehr. Ich bin kein Kenner
für solche superschnellen Renner.

Mein Wagen, sag ich unumwunden,
der schafft das auch – in gut zwei Stunden
mit Vollgas und mit Rückenwind
bergab, wenn leer die Pisten sind.

Warum ich dieses hier erzähle?
Es geht mir um die Parallele:
Man zählt aus einem guten Grunde
die Kilometer ja pro Stunde.

Genauso sollte man beachten,
was manche so an Zeit verbrachten
auf Schulen, Unis und desgleichen,
um ihren Abschluss zu erreichen.

Und wie viel sie an Arbeitsstunden,
Nachhilfe und auch „Ehrenrunden"
gebrauchten, bis mit letzter Kraft
sie ihr Examen dann geschafft.

Und waren sie in dieser Zeit
zu Arbeit dann wohl auch bereit,
die nötig ist in Haus und Garten,
statt sie von andern zu erwarten?

Ist, wer so viel in Anspruch nimmt,
für Höheres vorherbestimmt?
Wer langsam und mit Müh und Not
erst lernt und dann verdient sein Brot?

Berufe sollte jeder meiden,
die ihm zu hoch. Sie schaffen Leiden
ihm selbst, Familie und Kollegen.
Auch andern schlägt es auf die Mägen.

Vom Mittelmaß gibt's schon genug,
drum sei bei der Berufswahl klug.
Auch Augenmaß ist eine Tugend.
Der Ehrgeiz raubt dir sonst die Jugend! ✤

Gewinde

So manches Teil hat ein Gewinde,
damit man schraubend es verbinde
mit andern Teilen, die man dann
wenn nötig wieder lösen kann.

Und zwar wird in den meisten Fällen
ein Rechtsgewinde man erstellen,
doch liegt es auch in dessen Wesen,
dass links gedreht es sich kann lösen.

Als Beispiel hier ein Bolzen diene
vom Kurbelgriff einer Maschine,
der in die Kurbel eingeschraubt,
wodurch man ihn befestigt glaubt.

Dreht man die Kurbel rechtsrum stetig,
ist darin Linksgewinde nötig,
da ja der Griff dann, wenn es geht,
sich in der Kurbel linksrum dreht.

Ein Rechtsgewinde würd sich lösen
– mit Folgen, manchmal ziemlich bösen.
Nur falls das Lösen man verhindert,
dann hält der Handgriff unvermindert.

Am Fahrrad ist von je her auch
sehr viel Gewinde in Gebrauch.
Dort hat bei den Pedalen schon
ein Fehler lange Tradition:

Am rechten Hebel das Pedal,
das linksherum sich dreht nun mal,
mit Rechtsgewinde man verschraubte.
Ob man wohl Recht zu haben glaubte?
Und links, weil linkisch wohl gedacht,
ist Linksgewinde angebracht.

Auf beiden Seiten kann beim Treten
ein Teil sich lösen ungebeten.
Wenn das passiert an deinem Rad,
vielleicht es ernste Folgen hat,
denn trittst du unerwartet leer,
dann stürzt du auf die Straße schwer.
– Und bist du dort nicht ganz allein,
kann es noch sehr viel schlimmer sein.

Dass bisher selten was passiert,
ist Glück. Drum keine Zeit verliert,
Fabriken, setzt euch eine Frist,
zu tun, was dringend nötig ist! ❀

Gewissen

Das Handeln manches Menschen zeigt:
Es ist am Durchschnitt nur geeicht.
Das, was man so Gewissen nennt,
er – falls vorhanden - noch nicht kennt. ❀

Giftnudel

Manch einer, der schon oft gescheitert,
wird nicht gescheiter, nicht geläutert,
wird lauter zwar, doch nur im Schall:
Man hört ihn stänkern überall. ❀

Gleichheit

Für Gleichheit ist ein Mensch meist dann,
wenn er dadurch gewinnen kann. ❀

Globus

Wär unsre Erde ratzekahl,
und wäre sie, wie früher mal
man ahnungslos gedacht,
statt kuglig abgeflacht:
Bei gutem Wetter sähe man
vom Nordpol bis zum Südpol dann
die ganze Welt in einem Stück.
Das wär ein schöner Überblick! ❀

Glück

Glück, das heute wir erfahren,
können wir nicht aufbewahren
im Tresor für schlechte Zeit,
nur im Herzen: Dankbarkeit. ✽

Grillen

Dem Nachbarn, der gern grillen wollte,
man dann nicht nur im Stillen grollte. ✽

Großverdiener

Manch Großverdiener plötzlich sühnt,
dass den Verdienst er nicht verdient. ✽

Gruß

Sieht man sich auch tagaus - tagein,
ein Gruß wird mal der letzte sein. ✽

(aus dem Gedicht „**König und Hofnarr**".)

© ◁FISH▷ '99

Gut und Böse

Es gibt wohl viele Menschen, die ganz gerne wüssten,
wie sie sich Himmel und auch Hölle denken müssten.
– Von beidem man in dieser Welt schon vieles kennt.
Hier sind sie noch vermischt, doch später strikt getrennt.

Mensch, wenn du nachdenkst, wirst du bald entdecken,
dass in dir Teile beider Seiten stecken,
dass, wenn du willst, das Gute überwiegt.
Das Böse wird im Himmel erst besiegt. ✤

Haarig

Schönes Haar ist eine Zier.
Gute Suppen schmecken.
Beides ändert sich, wenn wir
eins im anderen entdecken.

Manche Mischung ist verhasst,
wie wir hier erkennen.
Was nicht recht zusammenpasst,
soll man besser trennen. ✤

Halbwahrheit

Es will mit Worten einer zwingen
den anderen zu solchen Dingen,
zu denen er nicht gern bereit –
da rettet ihn die Halbwahrheit:
"Mein Arzt hat mir das nicht erlaubt!"
Das stimmt genau. Doch jeder glaubt
(und nicht nur etwa Halbidioten),
es hätte ihm der Arzt verboten. ✿

Händedruck

In Ämtern, Firmen und Vereinen,
wo Würdenträger gern erscheinen,
um Ehrerbietung zu genießen,
und um ihr Fußvolk zu begrüßen
(A reichlich, B nur so mal eben),
kann man oft Folgendes erleben:

Die Hoheit gibt den Händedruck
mit einem starken Seitwärts-Ruck.
Das heißt nach alter Herrschafts-Sitte:
„Hau ab! Zack-zack, der Nächste bitte!"
Und jeder fragt sich nachher: Biste
bei dem schon auf der Abschussliste? ✿

Harfe

Die Harfe hat viel gute Saiten.
Das wird kein Mensch wohl je bestreiten. ✿

Heimwerker

In jeder Wohnung, jedem Haus,
sieht es wohl ziemlich ähnlich aus:
Die Ehefrau kann zwar bedienen
'zig Apparate und Maschinen
für ihre Zwecke, ist dagegen
zum Handwerk selten zu bewegen.

Dies ist das Feld des Ehemannes,
vorausgesetzt einmal, er kann es.
Doch spricht die Frau ihm ins Gewissen,
dann wird er vieles können müssen.
Nur wann? Es wird sehr oft ihm glücken,
vor Handwerksarbeit sich zu drücken.

So auch bei Herrn und Frau M. Krause,
die nicht sehr weit von hier zu Hause.
Sie kauften, das war zu erfahren,
sich einen Spiegel, schon vor Jahren,
ein Prachtstück zwar, doch fehlten noch
dazu ein Haken und ein Loch.

Der Haken an der Sache war
der Haken nicht, das war schon klar:
Ein Haken ist sehr schnell gefunden,
ein Loch ist leider ortsgebunden
und unverkäuflich sozusagen.
Man kann es nicht nach Hause tragen,
obwohl es leicht ist an Gewicht,
doch daran liegt es wirklich nicht. –

Nun, immer, wenn die Frau ihn drängt,
dass er den Spiegel endlich hängt
an den dafür bestimmten Ort,
sagt er seit Jahren stets „Sofort!"

Ein Mann, ein Wort! So heißt es ja.
Doch endlich ist der Zeitpunkt da:
Er sagt, er hängt den Spiegel auf!
Jetzt nimmt das Drama seinen Lauf.
Man hört am Seufzen, Brummen, Stöhnen:
An Arbeit muss er sich gewöhnen.

Zunächst wird keinesfalls vergessen,
die Wand plus Spiegel auszumessen:
Das dauert gut so ein, zwei Stunden,
dann ist er wieder mal verschwunden:

Er geht und kauft mit Kennermiene
im Baumarkt eine Bohrmaschine,
auch Bohrer, Dübel, Hakenschrauben.
Nun kann es losgehn, kaum zu glauben!
Doch vor Beginn muss man bedenken:
Reicht auch der Vorrat an Getränken?

Bei seinen ersten Bohrversuchen
da fängt er furchtbar an zu fluchen,
denn wie ihm scheint, ist diese Wand
so hart wir purer Diamant.
Da sieht man mal, dass mancher Wert
uns statt zu nützen eher stört.

Beim siebten Loch ist es gelungen:
Der Bohrer ist hineingedrungen
mit roher Kraft und viel Krawall.
Der Staub verteilt sich überall.
Die Wand sieht, anders als gewöhnlich,
jetzt Schweizer Käse ziemlich ähnlich.

Der Bohrer kann schon eine Menge,
er hat ja schließlich Überlänge,
und selbst die dickste Neubau-Wand
samt Nachbars Ölbild hält nicht stand. ☞

Was klopft der denn, der soll nicht quaken!
Nun schnell den Dübel und den Haken,
und dann den Spiegel aufgehängt,
das geht doch besser, als man denkt.

Der Dübel hält? Es trügt der Schein:
Er sitzt in Sand und nicht im Stein,
und sitzt er schlecht, nimmt das der Dübel
dem Schuldigen persönlich übel.
So kommt es, wie es kommen muss:
Es gibt zum Schluss noch viel Verdruss. –

Dem Spiegel wird hier gern bescheinigt,
dass senkrecht er rasant beschleunigt,
bis er, was zu erwarten war,
sich sehr verändert, ganz und gar.
Ein Vorteil, wenn man's sehen will:
So passt er besser in den Müll.

Der Ehemann, der streckt die Waffen:
Er ist fürs Handwerk nicht geschaffen,
und solche Arbeit, die ihn plagt,
wird bis auf weiteres vertagt.

Die brave Hausfrau räumt die Trümmer
aus dem, was vorher war ein Zimmer,
sie schrubbt und wischt ganz unentwegt,
bis sich der letzte Staub gelegt.
Die Wörter, die sie denkt dabei,
sind wohl nicht alle jugendfrei. –

Am nächsten Tag sieht „Er" gekränkt:
ein neuer Spiegel, aufgehängt!
Ja, manches, wenn die Frau es kann,
geht besser ohne Ehemann. ❀

Helfer

O junger Mann, du großer Held,
es gibt so viel, was dir gefällt:
zu essen, spielen, auszuruhn,
nur eins nicht, etwas selbst zu tun.

Doch <u>einen</u> gibt es, der sofort
macht, was du willst, an jedem Ort!
Er klagt und schimpft auch nicht darüber.
Wer mag denn dieser Helfer sein?
Die Mama? Nicht! – Der Papa? Nein!
Das bist du selbst, mein Lieber!

Der Haken: Was man selber kann
und tut, strengt einen viel mehr an
als das, um was man sich geschickt
auf Kosten anderer gedrückt. ✿

Suche Butler-Ehepaar

für vielbeschäftigten jungen Privatier,
der nicht unvermögend und darum auch
besonders großzügig ist.

Dienst nur 24 Stunden am Tag,
jede Woche montags bis sonntags.
Der Rest der Woche ist natürlich frei.

Bei guter Leistung ist eventuell
der Aufstieg zum Ober-Butler möglich.

Krisenfester Verdienst von bis zu
1% seines aktuellen Taschengeldes,
zahlbar am Mutter- bzw. Vatertag
in preiswerten Naturalien seiner Wahl.

Bitte melden bei Heini, zu Hause.

Himmel

(ein Gedicht nicht nur für Kinder)

Wie stell ich mir den Himmel vor?
Er wird ganz himmlisch sein!
Ich wär davor am Tor ein Tor,
wollt ich da nicht hinein!

Was Gutes auf der Erde ist,
gibt „droben" es erst recht.
Dort fehlt dafür auf jeden Fall,
was auf der Erde schlecht.

Denn Gott wird da der König sein,
ein guter König. Das wird fein!
Er, der Erfinder von Humor,
Giraffe, Affe, Papagei,
macht uns dann sicher vieles vor.
Im Himmel, da ist alles neu.

'Ne Wohnung hat dort jeder auch,
das sagte Jesus schon,
und wer auf Erden Gutes tut,
kriegt dafür seinen Lohn.

Ganz viele Freunde werden lieb
im Himmel uns begrüßen,
oh, das wird eine Freude sein,
wir werden es genießen.

So mancher, der uns Böses tat
und bitter es bereute,
der ist dann rein und auch dabei,
wenn Jesus ihn befreite.

So weit für heute, wartet ab.
Wer treu bleibt, wird es sehn!
Für mehr ist hier der Platz zu knapp,
drum kurz: Dort ist es schön! ❀

Himmel und Hölle

Ein Ehrenplatz im Höllenfeuer
ist warm und trocken, aber teuer
bezahlt – die Ewigkeit ist lang!
Dann lieber auf die Flegelbank
im Himmel. Ob es dazu reicht?
Dort ist es auch nicht kalt und feucht. ❀

Hobbykünstler

O Hobbykünstler, denk daran:
Qnst ist nur, was nicht jeder kann. ❀

Holz

Die Menschheit wär sehr schlecht gestellt,
gäb's keine Bäume auf der Welt.
Es würde uns so manches fehlen:
Wir frören dann in dunklen Höhlen,
denn ohne Balken gäb's kein Haus,
und ohne Holz gings Feuer aus.

Auch käm Gemüse, Fleisch und Fisch
nur kalt und roh auf unsern Tisch.
Der wär mitsamt den Stühlen
aus Stein, kalt anzufühlen.

Uns schützte, wenn wir draußen sind,
kein Baum vor Sonne, Regen, Wind.
Und wenn sich böse Tiere zeigen,
gäb's keinen Baum, um draufzusteigen,
kein Holz auch, um daraus uns Waffen
zum Schutze und zur Jagd zu schaffen.

Nun, man gewöhnt sich wohl daran:
Selbst Boot und Wagen müsste man
aus Fell und Knochen machen,
sehr mühsam, nicht zum Lachen.
Denn Kohle, damit auch Metall,
gäb's ohne Holz auf keinen Fall.

Trotz allem einmal angenommen,
die Menschheit wär so weit gekommen
wie jetzt, mit Technik und Kultur,
es fehlten ihr die Bäume nur?

Auf alle Fälle brauchen wir
das Holz als Rohstoff für Papier,
für Balken, Möbel, Fenster, Türen
und den Kamin, um nicht zu frieren.
Kurzum: Es braucht der Mensch den Baum –
der Baum den Menschen aber kaum. ❁

Horoskop

Ein großes Lob
dem Horoskop!
Hurra! Es stimmt!
Sofern man nimmt
für jedes Mal
aus großer Zahl
von Optimisten-
Gemeinplatzlisten
der diskrepanten
Orakeltanten
nur grad das rechte.
Der Rest sind schlechte.

Da Auswahl groß
entscheidet bloß
der Zufall, was
man liest und das
tritt meist nicht ein.

Drum lass es sein,
vorher zu lesen.
War dumm gewesen
und ging verquer.
Erst hinterher
weißt du was war.

Dann wählst du zwar
das rechte Blatt,
nur leider hat
die Prophetie
ja nachher nie
so sehr viel Sinn.

Wer macht Gewinn
aus solchem Schund?
Der Schreiber und
die Druckerei.
Schluss, aus, vorbei! ❀

Humor

Humor – das Wort kam seinerzeit
aus dem Latein – heißt Feuchtigkeit.
Und wie zu Tisch ein guter Tropfen
verhindert, dass wir trocken stopfen,
so nimmt Humor in Freud und Leid
den Worten ihre Trockenheit.

Humor kann leider keine bösen
und traurigen Probleme lösen,
doch hilft Humor in vielen Fällen,
den Alltag etwas aufzuhellen.
Ein Leid ist – dieses Sprichwort stimmt –
ja nur so schwer, wie man es nimmt.

Humor hilft, Ärger zu vermeiden,
erspart so manches Magenleiden
bei dem, der mit Humor es nimmt,
und dem, der freundlich wird gestimmt.
Und nur sehr selten kommt es vor,
dass fehl am Platze ist Humor.

Doch in den meisten Lebenslagen
kann alles mit Humor man sagen.
Nur der, dem kein Humor geschenkt,
sagt steif und farblos, was er denkt,
so wie ja auch ein schlapper Gaul
erst recht zum Springen ist zu faul.

Humor ist wichtig auch für jeden,
der im Beruf hat viel zu reden. –
Ich frage einfach mal ganz dumm,
wenn mit Humor es geht, warum
muss man mit Reden, tranig-braven,
die Hörer quälen – die nicht schlafen?

Denn sagt man etwas mit Humor,
so ist ein jeder gleich ganz Ohr,
denkt mit, versteht, notiert und tut
was nötig ist. Und das ist gut.
So hat die ganze Rede Sinn.
Sonst geht die Zeit nur nutzlos hin.

Humor, das sind die Kleinigkeiten,
die Hörern einfach Spaß bereiten:
Mit Worten spielen, doch dezent,
weil sonst man nicht den Sinn erkennt.
Zu üppig schadet ebenfalls,
wie bei der Suppe zu viel Salz.

Wie wird denn nun Humor gemacht?
Wie kommt es, dass man plötzlich lacht?
Humor ist immer so geartet:
Es kommt ganz anders, als erwartet.

In jedem Witz ist gut versteckt
ein Überraschungs-Knalleffekt,
der ganz zum Schluss, wenn man ihn findet,
im Kopf des Hörers sich entzündet.

Und wie Silvester-Knaller auch
nur einmal bilden Schall und Rauch,
so ist ein Gag, der einmal gut,
beim zweiten Mal ein alter Hut.
So ehrbar Sparsamkeit und Treue
auch sind, beim Witz zählt nur das Neue.

Humor ist, was ich gern erwähne,
die Droge mit der größten Szene
und mit so gut wie null Problemen.
Man darf sie wirklich täglich nehmen! ❀

Ideologien

Von einer Ideologie
(ob ohne Namen oder mit)
bis hin zu einer Idiotie
da ist es nur ein kleiner Schritt.

Die Weisheit aber ist von beiden
das Gegenteil, denn stets bescheiden
sucht sie Erkenntnis zu vermehren,
klebt nicht an zweckbestimmten Lehren.
Sie weiß schon viel, doch sucht sie weiter
nach mehr, ist gütig, friedlich, heiter.

Dies alles und auch das Gewissen
wird man beim Ideologen missen,
der meint, die Wahrheit zu besitzen,
das Recht, die Menschen zu benützen
als Mittel nur für seine Ziele.
Ihm fremd sind menschliche Gefühle.

Man fand die Schergen und Despoten
nicht nur bei Braunen und bei Roten.
Es herrschten, lehrt uns die Geschichte,
selbst über Kirchen Bösewichte,
die wollten Reichtum, Macht und Ehre
für sich – und hassten Christi Lehre,
ja ließen, die ertappt beim Beten
und Bibellesen, grausam töten.

Noch heute müssen Menschen leiden,
wo Schurken herrschen und entscheiden,
dass Menschenleben nicht mehr zählen,
weil Glaube, Liebe, Weisheit fehlen.

Es ist, egal wie sie sich nennen,
an ihren Taten zu erkennen,
ob Menschen gut, ob schlecht. *
Sagt Jesus. Und hat Recht. ❀

* Bibel, Neues Testament, Matthäus 7, 16.

Ignorant

Ein Ignorant lässt Stümper pfuschen,
doch Könner müssen bei ihm kuschen. ❀

Informationen

Man hört und liest so allerhand
aus Quellen, die oft unbekannt.
An Texten denkbar jeder Art
bleibt einem wirklich nichts erspart:

Von völlig falsch bis ziemlich richtig,
schnurzpiepegal bis lebenswichtig,
von altbekannt bis pressefrisch,
von seriös bis reißerisch.

Von ehrlich bis zu tendenziös,
von klipp und klar bis nebulös,
von Asthmadeutsch bis Bandwurmphrasen,
von knapp bis eitel aufgeblasen.

Und wurde gestern man belehrt,
schon heißt es heute: grundverkehrt!
Drum soll man sich auf nichts verlassen.
Es ist schon besser, aufzupassen.

„Prüft alles!", schrieb ein weiser Mann,
„Was gut ist, das behaltet dann!" *
– Auch dieser Rat selbst ist nicht übel.
Behalt ihn, er ist aus der Bibel. ❀

* Der Apostel Paulus schrieb es vor fast 2000 Jahren
an eine Gemeinde in Griechenland, nachzulesen in
der Bibel, Neues Testament, 1. Thessalonicher 5, 21.

Informations-Flut

Zeit, Geld und Gut uns wenig nützen
wenn wir das Wissen nicht besitzen,
sie möglichst sinnvoll zu verwenden.
Sie würden nutzlos sonst verenden.

Doch Tag für Tag in dieser Welt
der Wert des Wissens schnell verfällt:
Was kaum gewonnen, schon zerronnen,
weil jemand Neues hat ersonnen.

Ein Könner – will er Spitze bleiben –
muss lesen, was Experten schreiben.
Wer nicht den Anschluss will verlieren,
muss manche Zeitschrift abonnieren.

Ein Mensch, der ein Banausen-Blatt
als einzige Lektüre hat
und im Beruf braucht wenig Wissen,
wird auch nur wenig lesen müssen.

Wer Arzt ist oder Ingenieur,
der braucht an Wissen sehr viel mehr.
Und auch in manchen andern Sparten
muss vieles Wissen man erwarten.

Ist das veraltet, nicht erneuert,
wird man nicht ohne Grund gefeuert.
– Wer denkt an Zeit und Kosten bloß,
wird also leicht den Posten los – .

Doch auch in vielen ganz privaten
Belangen ist man gut beraten,
sich ständig neu zu informieren,
sonst wird man manchen Nachteil spüren.

Und welcher Leser nicht genießt,
wenn er paar gute Witze liest,
Zitate, spannende Berichte,
Satiren, notfalls auch Gedichte?

Bei Heften, die man abonniert,
das meiste zwar nicht interessiert,
doch hier und da, oft ganz versteckt,
man manches Gute doch entdeckt.

Manch kurzen Tipp in solchen Werken
kann man mit Mühe sich zwar merken,
doch bleibt an Nützlichem ein Rest,
der sich im Kopf nicht speichern lässt.

Drum will man manches aufbewahren,
das nützlich sein kann noch nach Jahren.
Am Anfang klingt das gut und schön
– man wird es später anders sehn:

So eine Zeitschrift ganz allein
kann nett und unterhaltsam sein,
doch die Erfahrung bald dich lehrt,
dass dieses Zeug sich schnell vermehrt!

Was einzeln schön ist und auch gut
wird schnell zur bösen Info-Flut.
Die dicken Stapel im Regal,
die zwingen bald zu einer Wahl:

Wer endlos stapeln will die Haufen,
muss eine Lagerhalle kaufen,
doch hat's genauso wenig Zweck,
wirft jedes Heft sofort man weg.

Denn du kannst wirklich sicher sein:
Kaum ist das Heft weg, fällt dir ein,
dass das, was heute du vermisst,
seit gestern im Container ist.

Da weder Stapeln noch Vernichten
vernünftig ist, hilft nur noch Sichten!
Das wär die Lösung dann, die dritte!
– Die Wahrheit liegt oft in der Mitte. ☞

Man hört das Sprichwort ja zuweilen:
„Wer herrschen will, muss erst mal teilen."
Die Regel gilt besonders für
den Umgang mit viel Druckpapier:

Das, was auch später nützlich wäre,
trennt man heraus mit einer Schere
und so gewinnt man den Extrakt.
Es fragt sich, wie man ihn verpackt.

– Denn vorerst hat man auf dem Tisch
ein ganz chaotisches Gemisch
von Schnippeln aller Art und Formen.
Gab's für Formate nicht mal Normen?

Der eine klebt bei schlechtem Wetter
die Schnippel auf gelochte Blätter,
die gut in einen Ordner passen.
Die Lösung kann sich sehen lassen.

Ein andrer hält nicht viel davon,
stopft alles in den Schuhkarton,
was er im Lauf der Zeit so findet.
Die Übersicht nur schnell entschwindet.

Und irgendwann, nach langer Zeit
dann ist es wirklich mal so soweit,
man sucht die Lösung zum Problem.
– Und das ist nicht sehr angenehm.

Hat man inzwischen nicht vergessen,
dass einen Schnippel man besessen,
in dem die Lösung war beschrieben:
Wo ist der Wisch denn nur geblieben?

Man sucht und findet nur bequem,
was gut geordnet nach System.
Drum, wer zu ordnen will beginnen,
muss erst sich ein System ersinnen.

So wird das Rad in vielen Stunden
von jedem einzeln neu erfunden.
Das ist gewiss nicht ökonomisch
und im Ergebnis oft sehr komisch.

Der Haken ist an neuen Dingen:
Nicht immer sie nach Plan gelingen,
denn die Erfahrung, die hat der,
der Neues wagt, erst hinterher.

So wird, was erst ein toller Einfall,
am Ende oft ein voller Reinfall.
Doch auch nach einem Reinfall ist
nicht jeder gleich ein Spezialist.

Ein Misserfolg ist sehr betrüblich.
Drum ist es unter Könnern üblich,
zu lernen aus dem Missgeschick
der andern, mit geschultem Blick.

Der Schreiber dieser vielen Zeilen,
will nicht nur meckern und enteilen.
Er ist ein Fachmann und er hat
auch eine Lösung schon parat:

Erst müssen die, die publizieren,
versuchen, endlich zu kapieren,
dass ihre Info-Flut am Schluss
der Leser auch verdauen muss.

Der erste Schritt in der Reform:
Beachtet die Formate-Norm!
Es gibt für Zeitschrift und Papier
das schöne DIN-Format A4.

Der zweite Schritt ist ziemlich klein:
Führt endlich einen Lochrand ein!
Denn fehlt der Rand, zerstört ein Loch
oft Wichtiges an Daten noch. ☞

Der dritte Schritt ist manchmal schwer,
doch bitten viele Leser sehr
darum, dass möglichst jedes Blatt
der Zeitschrift nur ein Thema hat.

Als vierter Schritt wär sehr zu loben
rechts von der Überschrift ganz oben
so eine Art von Ordnungsnummer.
Die spart beim Suchen vielen Kummer.

Für Zeitung, Merkblatt und Prospekt,
wo Wichtiges man auch entdeckt,
gilt als Gestaltungsregel just
dasselbe. Das vermeidet Frust.

Wer Internet, PC & Co.
benutzt, ist sicher gar nicht froh,
dass nach wie vor er viel Papier
bekommt. Daran ersticken wir.

Zwar wird uns die Erfahrung lehren:
Gedrucktes kann man nicht entbehren,
doch geht es hier vor allen Dingen
drum, die Papierflut zu bezwingen.

Auch schreibt so mancher Jour-Narzisst,
der absolut kein Fachmann ist,
gern über Kleinkram lang und breit,
vergeudet unsre teure Zeit.

Denkt ihr Verlage einmal nach,
dass ein Versäumnis tausendfach
die klügsten Leser büßen müssen –
die systematisch sammeln Wissen!

An sie, die uns den Fortschritt schenken,
soll ein Verlag viel öfter denken!
Ein alter Weg führt nicht zum neuen Ziel:
Wir brauchen einen neuen Info-Stil! ❀

Interessen

Man kann die Interessen
an den Prozenten messen,
die man von Geld und Zeit
zu opfern ist bereit. ❊

Journalist

So mancher Journalist,
der nicht sehr helle ist,
schreibt keck und lebensfroh
spektakuleeres Stroh. ❊

Karriere

Ob eine andre Art Karriere
nicht manchmal viel gerechter wäre
in punkto Renommee und Lohn?
Gut aufgepasst, hier ist sie schon:

Wer lesen und auch schreiben kann,
fängt klein als Buchgelehrter an.
Wer kurz und lesbar formuliert,
wird im Büro auch akzeptiert.
Wer Augenmaß hat und Geschick,
der hat sogar im Handwerk Glück.

Wer fit in dutzenden Berufen,
erklimmt die letzte aller Stufen
zum Chef, zur Chefin aller Sparten
von Kindern, Küche, Haus und Garten. ❊

Kauen

Man soll, um besser zu verdauen,
ja dreißigmal das Essen kauen.
Oft denke ich darüber nach:
Gilt das pro Mahlzeit oder Tag? ❊

Kind

Die Welt ist mit Gütern
gefüllt bis zum Rand,
die Menschen erschaffen
mit Fleiß und Verstand:

Millionen von Häusern
verschiedenster Art
teils prunkvoll, teils schlicht,
in Jahrzehnten erspart.

Mit Möbeln, Geschirr,
Kleidung, Schmuck, Kunst, Bestecken,
Geräten und Büchern,
und was sonst zu entdecken.

Die Straßen voll Wagen,
die stehen und fahren.
Läden, Lager, Fabriken
mit Maschinen und Waren.

In Häfen, auf Meeren
große Schiffe mit Frachten,
auf Flüssen und Seen
kleine Dampfer und Yachten.

Auf Flughäfen unten
und oben am Himmel
unzähliger Flugzeuge
großes Gewimmel.

Das alles zusammen:
ein riesiger Wert,
der mühsam erschaffen
und leicht wird zerstört.

Doch wie unvorstellbar
die Werte auch sind:
Viel kostbarer ist schon
ein einziges Kind! ❀

Kirchenbank

Auf einer langen Kirchenbank
sitzt außen rechts und links
je eine nur, die nicht sehr schlank.
Das stört mich allerdings:

Rutscht doch ein bisschen, bitte sehr,
dass sich noch jemand setze!
Verehrer habt ihr doch nicht mehr.
Wem reserviert ihr Plätze? ❀

Kitsch, Krimskrams & Co.

In deinem Haus sei nichts zu sehn,
das weder nützlich ist noch schön. ❀
(frei nach William Morris, England)

```
Testament
=========
Hiermit vererben wir unseren Kindern
ein komplettes Chaos, damit verbunden:
X Monate erdrueckende Aufraeumungsarbeiten.
Handverlesenen Muell fuer endlos viele Fuhren.
Zu Lebzeiten schon ausgehaendigt wurden:
Eine erbliche Belastung. Ein laedierter Ruf.
Ein schlechtes bzw. abschreckendes Vorbild.
Ein angeschlagenes Selbstbewusstsein.
```

Klartext

Zu Ostern ist es üblich immer,
im Garten, notfalls auch im Zimmer
den Kindern Eier zu verstecken,
die sie dann suchen und entdecken.

Man sagt, der Sinn der Übung sei
a) erst die Suche, b) das Ei,
denn mit der Suche nur allein
wird niemand schon zufrieden sein.

Es zählt im Leben immer schon
der Aufwand in der Relation
zum damit möglichen Ertrag,
sonst lässt das Interesse nach.

Drum mach es nicht zu kompliziert,
weil sonst man keine Lust verspürt
und sich nicht auf die Suche macht
nach dem, was du ihm zugedacht.

Dies gilt sowohl fürs Ostertreiben,
als auch für tief-sinn-volles Schreiben.
Darum auch hier in Kürze endlich:
Ihr lieben Schreiber, schreibt verständlich!

Es lohnt sich nicht, das könnt Ihr glauben,
den Tiefsinn allzu hoch zu schrauben.
Was ernst ist, soll man ernst auch nehmen
und nicht verschnörkeln und verbrämen.

Was unklar ist, ist nicht „gelehrt".
Im Notfall ist es auch verkehrt,
um keine Leute zu erschrecken,
„Alarm" zu flüstern, statt zu wecken. * ❀

* D. McTaggart: Wer alarmieren will, darf nicht flüstern.

Kleingeist

Dem kleinen Geist ist alles klein
– wie könnte es auch anders sein? ✽

Kompromiss

Ein Kompromiss in gutem Stil
soll sich für beide lohnen,
sonst hat nur einer Hochgefühl,
der andre Frustrationen. ✽

Konferenz

Die gern in Konferenzen sitzen,
die schwatzen lieber als zu schwitzen. ✽

„Hiermit eröffne ich den fünften Tag unserer monatlichen Konferenz zur kreativen Eliminierung systematischer Applikation effektiver Rationalisierung vermittels intermittierender Kolloquien mit relativ irrelevanter Produktivität."

König und Hofnarr

Am Königshof, vor langer Zeit,
da lebte einer, der gescheit,
sehr weise und auch pfiffig war,
doch hieß am Hof er nur „der Narr".
(Man muss ja auch in manchen Fällen
schon klug sein, um sich dumm zu stellen.)

Des Hofnarrs Amt war, zu erfreuen
den König mit viel Gaukeleien.
Und er allein nur konnte wagen,
auch Unbequemes ihm zu sagen.
(Ein kluger Mensch, der will sich eben
nicht gern mit Schmeichlern nur umgeben.)

Als später dann nach Jahr und Tag
der König hundertjährig, schwach
und krank war, kam auf leisen Füßen
der Hofnarr, um ihn zu begrüßen.
(Sieht man sich auch tagaus - tagein,
ein Gruß wird mal der letzte sein.)

„Mein König," sagt der Narr ganz leise,
„du willst auf eine große Reise?"
Der König traurig: „Nein, ich muss!"
Der Narr: „Ich zieh daraus den Schluss,
dass jemand über dir noch steht,
der dir auch sagt, wohin es geht?"

„Ja!" seufzt der König ganz beklommen.
Der Narr: „Du sollst wohl eilig kommen
zu deinem lieben Herrn, der denkt,
wie er dich treuen Knecht beschenkt?"

„Nein," stöhnt der König sehr bedrückt,
„zu völlig Fremden man mich schickt!"
Der Narr: „Dann hast du nicht gewusst,
dass eines Tags du reisen musst?!"

„Doch," klagt der König nun ganz bang,
„ich weiß es schon mein Leben lang,
doch fehlten mir die Ruhezeiten.
Ich konnte mich nicht vorbereiten!"

„O König," fragt der Narr verwundert,
„du meinst, an Jahren reichen hundert
nicht aus, die Reise zu bedenken?
Das wird am Ziel den Herrn sehr kränken!"

„Ja, Hofnarr, du hast recht gesagt.
Es war von mir sehr unbedacht,
nicht in der langen Lebenszeit
zu denken an die Ewigkeit."

„Mein König," sagt der Narr nun froh,
„Was du erkannt hast, tu es so
und danke deinem guten Herrn,
dass er dich schuf, und dien ihm gern.
Und bitte ihn, dir zu vergeben,
dass du ihm fern gelebt dein Leben."

„Mein Hofnarr, ja, das will ich nun
bevor zu spät es ist, gern tun! –
Wie danke ich dir für dein Wort!
Muss ich von dieser Erde fort,
kann ich auf meinen Herrn mich freun!
Jetzt muss ich nicht mehr traurig sein."

– Und du, der dies Gedicht gelesen,
wie ist es wohl bei dir gewesen?
Und wie wird deine Zukunft sein?
Entscheiden musst du dich allein.

Wer meint, er hat noch fünfzig Jahre,
vielleicht liegt bald er auf der Bahre.
Und darum gilt nicht nur für Greise:
Sei weise – vor der letzten Reise! ❀

(Frei nach einer alten Geschichte, Quelle unbekannt.)

Konkurrenz

Geschäftsmann, hast du wohl gemeint,
dein Konkurrent will dir als Feind
die Existenz zerstören?
Gibt es denn einen, der wie er
als Fachmann in der Lage wär,
dein Schaffen recht zu ehren?

So achte du dann auch sein Können.
Du kannst ihm seine Kunden gönnen.
Die braucht er, um zu leben.
Glaubst du, es lohnt sich für dich sehr,
für einen seiner Kunden mehr,
dem Mords-Rabatt zu geben?

Das ist gewiss: Der Kunde lacht,
wenn ihr um ihn Duelle macht.
Er kommt auf seine Kosten,
kauft heute hier und morgen dort.
Ihr liefert billig und sofort
knapp kalkulierte Posten.

Selbst wenn dein Umsatz sich erhöht,
was leicht auch an die Grenzen geht:
Bleibt dir genug Gewinn?
Wenn du dein Werk vergrößern musst:
Hast du dazu denn wirklich Lust?
Hat's auf die Dauer Sinn?

Du willst? Dann spar dir deine Klage,
dass länger jetzt die Arbeitstage,
dass furchtbar hoch die Zinsen.
Probleme mit dem Personal?
Viel Spaß! Es war ja deine Wahl!
Dein Konkurrent wird grinsen. ❀

Könner

Manch Durchschnittsmensch vom Könner denkt,
dass Zufall nur Erfolg ihm schenkt,
falls er nicht alles mit viel Fleiß
woanders hat kopiert, wer weiß? –
Mit solchem Menschen bloß nicht streiten:
Er kennt nur die zwei Möglichkeiten. ❀

Kosme-Tick

Mancher, der doch überhaupt
gar nicht an Gespenster glaubt,
sieht doch Spukgestalten täglich,
„Schönheitspflege" macht es möglich:

Gurkenmaske, Lockenschrauben,
die den letzten Nerv ihm rauben,
lange Krallen, grell lackiert,
Augenhöhlen grün beschmiert.
Ein Indianer, ganz verwegen
kriegsbemalt, ist nichts dagegen. ❀

Kreuz und *b*

Sind Kreuz und *b* zu lästig dir
in einer Partitur?
Dann spiel drei-sechs, zwei-fünf, eins-vier
Ton höher – in C-Dur!
Dies gilt für Kreuze, eins bis viele,
für *b*s im umgekehrten Stile. ❀

Tabelle zum Transponieren von Noten in C-Dur							
Vorzeichen der Noten:	**#**	1	2	3	4	5	6
	b	6	5	4	3	2	1
Noten um Töne erhöhen:	**+**	**3**	6	**2**	5	**1**	4
oder erniedrigen:	**–**	4	**1**	5	**2**	6	**3**

Kunst

Wer sagt, der Dackel sei ein Hund,
hat Recht. Nur hat man guten Grund,
die Folgerung daraus zu scheuen,
dass alle Hunde Dackel seien.
Doch leider zählt bei vielen schon
der Umkehrschluss zum guten Ton.

Im Kosmos gibt es viel, was man
als Mensch noch nicht verstehen kann,
so dass, wer sich um Wissen müht,
im Geist die Formel vor sich sieht:
erhaben gleich geheimnisvoll.
Was aber nicht bedeuten soll,
dass alles zeugt von Schöpferkraft,
was nebulös und rätselhaft:

In „Lyrik", Malerei, Skulptur
sieht man oft nicht die kleinste Spur
Inspiration, Talent und Geist. –
Kunst ist nicht alles, was so heißt.

Was ist bei echter Kunst der Sinn?
Mal führt sie zu Gedanken hin,
die wichtig sind, sie auszudrücken.
Mal soll sie einfach nur beglücken,
und wohl für jeden Menschen gibt
es Kunst, die er ganz innig liebt.
Ob so, ob so, Licht sind sie beide:
Licht der Erkenntnis, Licht der Freude.

So mancher Scharlatan vertraut
darauf, dass niemand es durchschaut,
dass, was er preist als hoch und hehr,
in Wirklichkeit ist öd und leer
und nicht erleuchtet. Denn beim Licht
zählt nur das Leuchten, andres nicht. ❀

Kunst-Snob

Der reiche Kunst-Snob kauft entzückt
vom Maler einen Lappen,
wo der den Pinsel ausgedrückt.
Muss viel dafür berappen.
Er glaubt, das, was ihm nun gehört,
sei Kunst und später viel mehr wert
– weil es im Rahmen aufgespannt
hing an des kessen Malers Wand. ✻

Leben

Es lebte mancher nur in Kladde
das eine Leben, das er hatte. ✻

Leid

Wer merkt es nicht im Lauf der Zeit:
Es gibt auf dieser Welt viel Leid,
genug, um pausenlos zu heulen.
Die Presse gibt sich große Müh,
aus aller Welt Probleme, die
uns schwer bedrücken, mitzuteilen.

Doch ist auch vieles, was wir sehn
auf dieser Welt ganz wunderschön,
genug, um pausenlos zu singen.
Nur kann man beides nicht zugleich:
Wer singt, der wird im Herzen reich.
Wer heult, was kann dem schon gelingen?

Die Welt ist für uns wie ein Buch
und hat auf jeden Fall genug
an guten und an bösen Seiten.
Es ist schon besser, statt zu klagen,
nur gute Seiten aufzuschlagen
und gegen Böses kühl zu streiten.

Siehst du, dass jemand Böses tut,
dann schweig nicht, sondern habe Mut,
die Wahrheit offen ihm zu sagen.
Und lobe das, was lobenswert.
Das spornt dann manchen, der es hört,
noch an, auch Gutes beizutragen.

So kannst du viel zum Guten wenden.
Nur keine Energie verschwenden
mit langer dumpfer Grübelei.
Es geht ja doch in dieser Welt
auch alles, was uns nicht gefällt,
schon irgendwann von selbst vorbei. ❀

Liebe

Echt ist eine Liebe dann,
wenn sie Opfer bringen kann. ❀

Lob

Gelingt dir etwas dann und wann,
was nicht auch jeder Andre kann,
und zeigst du dann es irgendwem,
freust dich auf Lob, das angenehm,
so ist oft beim Betrachter ganz
enttäuschend knapp die Resonanz.

Kann er nicht denken, fühlen, sehen?
Fehlt ihm der Geist, es zu verstehen?
Fühlt sich der Andre nur gestört
vom Werk, das nicht der Rede wert?
Du fragst dich: Woran liegt es bloß?
Die Kunst zu klein? Der Neid zu groß? ❀

Lotto

Der Losverkäufer müht sich groß:
Wie wird er bloß die Lose los?
Vor allen Leuten laut er preist,
wie viel Gewinn ein Los verheißt.
– Warum um alles in der Welt
er dann die Lose nicht behält? ❀

Mancherlei manch

„Manch" ist mir, sag ich ehrlich,
beim Dichten unentbehrlich,
um nicht genau mich festzulegen
und auch der Silbenzahlen wegen.
Es ist als Krücke ausgezeichnet,
als Reimwort leider ungeeignet. ❀

Materialismus

Wer redet nur von Gut und Geld,
bezeugt, dass Höheres ihm fehlt. ❀

Minderwertigkeits-Komplexe

Komplexe müssten nicht mehr sein,
gäb's Titel auch auf Krankenschein. ❀

Missverständnis

Wer zu leise spricht,
den versteht man nicht!
Wer sich dann zu zweit
nicht versteht, der schreit
laut und gut verständlich!
Ja, so löst sich endlich
wieder das Problem
ganz von selbst bequem. ✿

Mittelmäßigkeit

Bei manchem sticht hervor sehr weit
nur seine Mittelmäßigkeit. ✿

Mitläufer

Kein Mumm, um von der Mehrheit abzuweichen?
Zur Strafe wirst du dann der Masse gleichen. ❀

Mode

Und hat es noch so wenig Sinn:
Was Mode ist, ist „mega-in".
Doch kaum ist dieser Kram verdaut,
schon ist er wieder „mega-out". ❀

Mops

Ein Mops, der fett und erblich krank,
döst faul auf seiner Fensterbank
und träumt vom Ahnherr Wolf, dem wilden.
– Sich darauf etwas einzubilden
er sich wohl nur so lange traut,
bis er mal in den Spiegel schaut. ❀

Moral

Manch einer meint noch sehr gewitzt,
Moral sei Zwang, der ihm nichts nützt.
Doch irgendwann – mal dauert's lang –
trifft ihn sein eigner Bumerang. ✽

Muße

Wir sind die Ansicht ja gewohnt,
dass nur zum Ziel ein Weg sich lohnt.
Doch manchmal ist das Ziel dagegen,
nur auf dem Weg sich zu bewegen.
Drum kann es sinnvoll sein zuweilen,
nicht grundlos immer nur zu eilen. ✽

Nachrichten

Das Zeitunglesen heutzutage
ist schon für viele eine Plage.
Du wagst kaum noch, bei den Problemen,
die Zeitung in die Hand zu nehmen,
dich packen Ekel, Angst und Wut.
Doch sei getröstet, ruhig Blut:

Die Presse sucht aus aller Welt
das Schlimmste nur, was ihr gefällt.
Das ist dann grade das Prozent
des Zeitgeschehens, das man kennt,
das trostlos, furchtbar und abscheulich.
Doch das, was schön ist und erfreulich,
wie Nächstenliebe, Glück und Frieden,
wird von der Presse gern gemieden. ✿

Namenlos

So manches Mal wir schon bekamen,
was gut war, leider ohne Namen.

Es fehlten, was so gern wir hätten:
Vom Flaschenwein: die Etiketten.
Vom Foto: Namen, Zeit und Ort.
Vom Brief: Wer schrieb das liebe Wort?
Vom Kunstwerk, Bonmot und Gedicht
weiß man des Autors Namen nicht.

Der Inhalt der Konservendose?
Das Etikett fiel ab, weil lose.
Das schöne Stück im Radio:
Von wem, wie heißt es, käuflich wo?

Wenn ein Produkt uns gut gefällt:
Wer hat es denn wohl hergestellt?
Wir hätten gerne, bitte sehr,
von dieser Art noch etwas mehr!

Und falls ein Machwerk ist besch...eiden:
Was soll man denn in Zukunft meiden?
– Ob hoch, ob niedrig ist der Wert:
die Anonymität nur stört!

Drum, Autor, schaffst du Gutes neu,
schreib deinen Namen ohne Scheu!
Doch solltest du im Zweifel sein,
behalt dein Werk für dich allein. ❀

Neureich

In Neureichs Haus ist alles fein.
Sie selbst nur – passen sie hinein? ❀

Nobelkarossen

Wir sehen oft in unsern Tagen
ganz schöne, schnelle, teure Wagen.
Die Fahrer nur sind für gewöhnlich
dagegen eher unansehnlich.
– Ein toller Typ (grad so wie du)
fährt alte Kisten, gib's doch zu! ✿

Notruf

So manchem Menschen fällt in Nöten
(sonst aber nie) noch ein, zu beten.
Den Herrn der Welt behandelt er
wie Polizei und Feuerwehr.
Die kennt man auch nur immer dann,
wenn man sich selbst nicht helfen kann. ✿

Nullen

Versprochen wird vor manchen Wahlen
den Nullen: Gleichheit aller Zahlen! ✿

Nummern

Ich hatte schon so manchen Kummer
mit irgendeiner Art von Nummer,
die mir im Gegensatz zu allen,
die ich nicht brauchte, war entfallen.

Bei dem, was ich mir vorgenommen,
ging nichts mehr, war kein Weiterkommen.
Ich wäre manchmal wirklich froh,
gäb es ein Nummern-Fundbüro. ❀

Oberflächlichkeit

Es gibt bei uns in dieser Zeit
fast nur noch Homo Sapiens light:
So mancher Mensch im Kopf nur hat
Geld, Auto, Fußball, Bier und Skat.
Im Grab wird, mehr als nur vielleicht,
tiefgründig sein, der vorher seicht. ❀

Obst

Der Apfel sprach im Obst-Verein
voll Eifer: „Nein! Es darf nicht sein,
dass von den Bäumen, die wir kennen,
sich Obst selbst solche Früchte nennen,
die niemand isst aus gutem Grund,
weil holzig oder ungesund.

Man wird zum Beispiel gern verzichten
auf Frucht von Eichen oder Fichten.
Bedingung sei ab heute dies:
Obst ist, was saftig, rund und süß!" –
Viel Beifall. Jemand nur blieb stumm:
Banane nahm die Sache krumm. ❀

Opferbereitschaft

So mancher Mensch ist jederzeit
zu großen Opfern gern bereit,
sofern sie nur vor allen Dingen
zu seinen Gunsten andre bringen. ❀
(frei übersetzt nach dem Prediger Billy Graham)

Opportunist

So mancher Bürger ist statt Christ
nur überzeugt Opportunist
und späht, die kleinen Augen blitzen:
Wer kann ihm wann wo wie was nützen?
Er nimmt in Euro, gibt in Cent
und meint, dass niemand es erkennt. ❀

Ordnung

Soll nicht das Eheglück erkalten,
so muss die Hausfrau Ordnung halten.
Dasselbe gilt für Mann und Kinder,
sonst sind im Haus sie Umweltsünder.
Denn Menschen, die zusammen wohnen,
die sollten ihre Nerven schonen. ❀

Panne

Nur wenig Autofahrer lieben,
den Wagen, der nicht fährt, zu schieben.
Doch einen Vorteil hat es auch:
Sehr niedrig ist der Spritverbrauch. ❀

Phlegoist

Ein Mensch, der bei der Arbeit stur
und auch zu Hause, wenn, dann nur
zum eignen Nutzen tätig ist,
der ist dann wohl ein Phlegoist. ❀

Pi Komma null

Diese Zahlen merke dir:
Drei plus **eins** sind immer **vier**.
Eins dazu macht **fünf**. – Allein
folgt am Ende noch die **Neun**.

Sie gemeinsam bilden die
weltbekannte Größe Pi *,
die zwar endlos ist an Stellen,
doch wird in den meisten Fällen
dies hier schon zum Rechnen reichen
für Kreis, Kugel und dergleichen. ❀

* $\prod$ = 3,141.592.653.589.793.238.462.433...

Predigt

Erinnern kann man keine Predigt
im Ganzen und auch unbeschädigt.
Oft hat doch höchstens nur ein Satz
mit Mühe im Gedächtnis Platz.
Das soll der Pastor mal bedenken
und seinen Redefluss beschränken. ❀

Probleme

So manchmal, gegen unsern Willen,
bekommen wir auch bittre Pillen.
Die müssen wir dann ohne Mucken
wohl oder übel runterschlucken,
doch niemals lutschen oder kauen.
Sehr wichtig ist, sie zu verdauen,
sonst wird uns später wohl befohlen,
die Kur noch mal zu wiederholen. ❀
(nach einem Aphorismus von G. C. Lichtenberg)

Qualm

Wer qualmend andre Leute quält,
dem quasi Qualität noch fehlt. ✤

Rache

Wer sich beim andern rächt,
wird wie der andre: schlecht. ✤

Radler

Er fährt im Dunkeln, nicht zu sehen.
Man bremst ... und kommt zu spät zum Stehen.
Erst dumpfer Knall, dann harter Fall.
Nun sieht man ihn. Er rührt sich nicht:
Ein Radler nachts – und ohne Licht. ✤

Rationalisierung

Wie gut, dass Gott das Schaffen liebt,
kein Rationalisieren,
weil es nur so die Vielfalt gibt
bei Menschen, Pflanzen, Tieren.

Denn würde Gott mal statt „Es werde ...“
„Es soll verschwinden ...“ sagen,
dann würde wüst und leer die Erde
wie vor den Schöpfungstagen. ❀

Rechnen

Wer rechnen kann, der weiß Bescheid,
genau – und auch zur rechten Zeit. ❀

Rechtsanwalt

Manch Anwalt machte, wenn er könnte,
aus jedem Fall gern eine Rente.
– Es ruiniert ein schwarzes Schaf
den Ruf der Mehrheit schon, die brav. ❀

Rechtsbrechung

Ein Richter, der die Schurken schont,
macht, dass sich das Verbrechen lohnt.
Der brave Bürger hat stattdessen
bald lebenslänglich eingesessen
– zu Haus, mit Riegel, Schloss und Gitter
zur Sicherheit. Und das ist bitter! ❀

Registratur

Ich finde alles schnell mit dem
von mir entwickelten System:
Was wo ist, hab ich aufgeschrieben!
– Wo ist die Liste nur geblieben??? ❀

Reichtum

Auf dieser Welt ist nun einmal
nicht gleich verteilt das Kapital.
Doch blinder Neid hat keinen Sinn:
Das Geld läuft zwar zum Reichen hin,
doch weiter dann durch fremde Taschen,
ob sie es sparen, ob vernaschen.
Die Reichen sind nur „Pumpstationen"
für Geld, die sich für alle lohnen:

Die einen, die sind angestellt
bei Reichen, kriegen dafür Geld.
Die andern liefern gegen bare
Bezahlung tonnenweise Ware
ins Werk und leisten Dienste ihnen,
womit auch sie ihr Geld verdienen.
Selbst für den Staat fällt etwas ab
an Steuern, und nicht allzu knapp.

Und wenn ein Reicher schwimmt in Geld?
Dann nützt die Flut dem Rest der Welt!
Er lebt von uns – und umgekehrt,
was macht es, wem nun was gehört?
Sein Wohlstand bringt auch uns Profit.
Denkt der sehr weit, der das nicht sieht?

Denn was ein reicher Mensch besitzt
auch meistens vielen andern nützt:
In Flugzeug, Kaufhaus, Kinosaal
und andres steckt er Kapital,
wofür dann alle etwas kriegen:
er den Ertrag, wir das Vergnügen.

Egal, was immer es auch sei,
Fabrik, Geschäft, Büro, Kanzlei:
Er produziert mit dem, was ist,
das, was man andernfalls vermisst
an Diensten, Waren, Arbeitsplätzen.
Der Staat kann Reiche nicht ersetzen.

Und selbst das Geld, das scheinbar ruht
auf Konten und in Aktien, tut
doch viel, was sonst nicht möglich wär,
wo Köpfe voll, doch Taschen leer.

Man muss, um Ziele zu erreichen,
ja manche Rechnung erst begleichen,
bis das verwirklichte Projekt
Gewinn bringt und die Kosten deckt.

Reich sein allein ist keine Sünde,
solang nicht unrecht sind die Pfründe.
Ob Chefgehalt, ob Staats-Salär,
ob Aktien, Mietshaus oder mehr,
es kommt auf das an, was man tut
mit seinem Geld, ob schlecht, ob gut.

So mancher ist zwar Millionär,
doch hilft ihm das nicht allzu sehr,
muss er vielleicht, weil krank der Magen,
fast allem, was ihm schmeckt, entsagen:
Kein Beefsteak, keine Sahnetorte,
nur Haferschleim – der faden Sorte.

Ob arm, ob reich, die Jahre laufen.
Kein Millionär kann Jahre kaufen.
Und dann in Erde oder Asche
hat auch der Reiche keine Tasche:
Das, was er hatte, war geliehen!
Hast du das Reichsein ihm verziehen?

Doch nicht zuletzt sei auch bedacht,
dass Reichtum noch nicht glücklich macht
und nicht vor allen Sorgen schützt.
Die hat grad der, der viel besitzt.

Auch der, der „arm" ist, kann genießen:
Die ganze Welt liegt ihm zu Füßen.
Selbst Sonne, Mond und Sternenlicht
gehören ihm. Vergiss das nicht. ✤

Reiter

Wer sagt, dass der Herr Abraham
geritten bis nach Bebra kam
und dort blieb, weil sein Zebra lahm,
der irrt! Mit Flugzeug D-BRA himm-
lisch schnell flog ihn E. Ephraim. ✿

Rente

So mancher sorgt sich, ob die Rente
im Ruhestand noch reichen könnte.
Noch wichtiger als diese Zeit
ist die danach — die Ewigkeit. ✿

Richtung

Es ist wohl jedem Menschen klar,
dass man mit Vollgas schneller zwar
vorankommt. Doch nicht minder wichtig
ist oft, ob auch die Richtung richtig.

Wer immer voll aufs Gas getreten
allein in Richtung auf Moneten,
hofft, später gut zu sein und weise,
macht arm sich auf die letzte Reise. ❁

Scheinheiligkeit

So mancher, der sich laut entrüstet,
denkt still: Und ich? – O, wenn ihr wüsstet! ❁

Schlaflosigkeit

Ein Mensch, der mitten in der Nacht
aus irgendeinem Grund erwacht,
der sollte sich darum nicht grämen.
Er kann Privataudienz sich nehmen
bei Gott und ihm dann alles sagen:
die Freuden, Sorgen, Lebensfragen,
ja selbst den allertiefsten Kummer.
Oft kommt vor „Amen" * schon der Schlummer.
– Nimmt Gott das übel seinem Kind?
Er weiß doch, dass wir müde sind! ✤

* „Amen" ist hebräisch und bedeutet etwa „so soll es sein".
Es ist bei Christen oft das Schlusswort eines Gebets.

Schlagertexte

Es ist beim deutschen Schlager
der Text oft ziemlich mager,
weshalb man ihn ja jetzt
gern englisch übersetzt.
Ist dann auch nicht mehr Sinn
in solcher Schnulze drin,
sie nicht so auf die Nerven geht,
weil dann nicht jeder sie versteht. ✤

Schlechtigkeit

Manch schlechter Mensch zeigt sein Gesicht
sehr bald – die meisten tun das nicht.
Man kann ihm dann trotz mancher Pein
in diesem Punkt noch dankbar sein. ❀

Schmerz

Ob Zahnschmerz, Rheuma oder Gicht:
Wer's hat, der fühlt's, die andern nicht.
Doch Dummheit tut seit eh und je
dem Dummen nicht, nur andern weh. ❀

Schönheit

Die Schönheit pflegt ein Mensch im Bad
mit Fleiß – auch wenn er wenig hat. ❀

Schuld

Es bringt uns Wohlbehagen,
wenn andere versagen.
Geht selbst uns etwas schief,
so wurmt es uns ganz tief.
Dann schiebt die Schuld im Nu
man andern in den Schuh,
denn ungern sieht man ein:
Die Schuld – hab ich allein. ❀

Schule

Man lernt zwar bis zum Überdruss
vom Kongo jeden Nebenfluss
doch was man braucht, um Mensch zu sein,
fällt manchem Lehrer niemals ein. ❀

Sein und Schein

Jemand sucht als Festgeschenk
ein besonderes Getränk,
und er griff so manches Mal
schon nach Flaschen im Regal:

Dies nicht, das nicht. Dann zum Glück
ist ein Etikett im Blick,
das – die Sorte kennt er nicht –
optisch schon sehr viel verspricht.

Ja, das ist was für den Freund,
den er aufsucht, um vereint
einen Festtag zu genießen.
„So, das wollen wir begießen!"

Er schenkt ein, probiert und „Sch...ade!"
Ein Gebräu, ganz dünn und fade
er im Glase dann nur schmeckt.
Die Enttäuschung ist perfekt. –

Ähnlich geht es uns mit Leuten,
die wohl keine Mühe scheuten,
um sich Geltung zu erheischen,
doch sehr bald uns schon enttäuschen.

Einer macht auf „seriös",
ist verschlagen, wirklich bös.
Und ein andrer, platt und schal,
stylt sich als „O-ri-gi-nal".

Mancher spielt den großen Mann
gern, solang er täuschen kann,
oder bettelt ganz geschickt,
bis man seine Börse zückt.

Ach, es gibt noch viele Fälle!
Schön wär's, könnt man auf die Schnelle,
lässt man sich mit Menschen ein,
unterscheiden Sein und Schein. ❁

Selbstbeherrschung

"Herr" nennt sich heute selbst ein Mann,
der nicht mal <u>sich</u> be-Herr-schen kann.
Ein kleiner Topf kocht schneller über,
drum sind uns tiefe Wasser lieber.

So manche Menschen, will man meinen,
die sind Probleme auf zwei Beinen.
Man sieht sie überall sehr gerne
– von hinten und in weiter Ferne –
und ist besonders dann beglückt,
wenn jemand sie auf Reisen schickt.

Doch selbst der größte Hitzkopf leidet
darunter, wenn ihn jeder meidet.
Den eignen Schatten überspringen,
das will er wohl. Doch zum Gelingen
muss man ihm eine Chance gönnen
und ihn trotz allem anerkennen.
Vielleicht sind Schmerzen oder Lasten
sein Grund, um manchmal auszurasten. ✿

Shredder

Bei allerbestem Sonnenwetter
stellt mancher Nachbar an den Shredder.
Die andern in den Liegestühlen
sich wie in einem Steinbruch fühlen. ❀

Silben

Im Deutschen gibt's, mehr als man denkt,
viel Silben, vor- und nachgehängt,
wie ver- und ein-, -heit, -lich und -ung
und noch viel mehr, ein ganzer Schwung.
Dass manch Wort ganz besteht aus diesen,
hat Ver-ein-heit-lich-ung bewiesen! ❀

Institut für Sprachverungung

macht aus verständlichen Texten seriöses Amtsdeutsch:
Imposante Sätze mit z. B. 20 Zeilen und 50 Kommata.
Auf Wunsch werden exklusiv für Sie auch Abkürzungen,
Fremdwörter, Paragraphen, Einheiten, Namen usw.
erfunden, die in keinem Nachschlagewerk zu finden sind.   nd

Sippenhaftung

Es ist Bewohnern manchen Landes
und auch Vertretern manchen Standes
oft unverschuldet schon geschehen,
dass man sie schief hat angesehen,
obwohl nichts anzulasten war,
was schlimm war oder sonderbar.

Sind Artgenossen aufgefallen,
gilt leicht der Ruf auch denen allen,
die tüchtig sind und Böses meiden.
Die müssen sogar doppelt leiden:
Ertragen, die den Ruf verschuldet
und durch den Ruf nicht gern geduldet. ❀

Snob

So manchem Snob ist dran gelegen,
aus Geltungsdrang Kontakt zu pflegen
nur mit den Großen, Schönen, Reichen
– doch nicht so gern mit seinesgleichen. ❀

... bestellte Tony Blair mir noch Grüße
von George Bush und Vladimir Putin ...

Socken

Ich war doch gestern sehr erschrocken,
als ich mir ansah meine Socken:
Da schaute rechts der große Zeh
zum Fenster raus, o weh – o weh!

– Heut morgen dachte ich nicht dran,
zog meine Socken wieder an
und konnte dann ein Wunder sehen,
das über Nacht bei mir geschehen:

Der <u>rechten</u> Socke <u>großes</u> Loch
war wieder weg! – Dafür jedoch
war <u>links</u> ein <u>kleines</u> Loch ganz neu
beim kleinen Zeh, o wei – o wei!

Ich weiß – im Gegensatz zu andern –
jetzt, dass selbst Löcher manchmal wandern!
Es wird wohl niemand mir verübeln
darüber oft noch nachzugrübeln. ✿

Sorgen

Das Seufzen über Not bei Nacht
den Ärger nur noch ärger macht.
Mit Sorgen nur kommst du nicht weit,
doch sorge <u>vor</u> zur rechten Zeit! ❀

Lift zur Zukunft	
↑	Vorsorgen
↓	Sorgen

Sparer

Der Sparer, den man sehr genarrt,
in Zukunft sich das Sparen spart. ❀

Spaziergang

So ein Spaziergang auf sechs Beinen,
zwei langen und vier ziemlich kleinen,
der ist für beide sehr gesund:
für's Herrchen und für seinen Hund.
Für Frauchen und die Kinder
gilt dieses auch nicht minder. ❀

Spende

Ein Junge liebte seinen Hund
und gönnte ihm von Herzensgrund
vom Teller seine Karbonade.
Doch Mutter sagte: „Ist zu schade!
Er kann die Knochen nachher kriegen."
Der Junge musste sich wohl fügen
und gab dem Hund das Abgespeckte.
– Das war kein Opfer, nur Kollekte. ❀
(frei nach einer mündlich überlieferten Geschichte).

Spesenritter

Die Helden ohne Furcht und Tadel
sind ausgestorben. Das ist bitter.
Jetzt gibt es, ohne Frucht und Adel,
nur sogenannte Spesenritter. ❀

Spiegelbild

So mancher Mensch, der hasst
ein Wort, das auf ihn passt.
Ob er auch einen Spiegel schilt,
wenn ihm missfällt sein Spiegelbild? ❀

Spuren

Nicht nur beim Tier zeigt uns der Mist,
der liegen blieb, von wem er ist.
Es lassen Pferd und Kuh mit Schwung
zu Boden fallen ihren Dung,
der unverwechselbar bei beiden
schon an der Form zu unterscheiden.

Auch Menschen ohne viel Kultur
erkennt man leicht an ihrer Spur
von Dosen, Flaschen, Kippen, Tüten
und was sie sonst noch anzubieten.

„Das Wandern ist des Müllers Lust!"
singt mancher wohl aus voller Brust,
doch wird es keine Augenweide,
wenn Müllen ist des Wandrers Freude. ❀

Starkstrom-Labor

Strömt Starkstrom in starken Strömen,
muss man es nicht tragisch nehmen.

Wer so heißt, wie was er tut,
tut – wenn er es tut – meist gut,
braucht sich nicht zu schämen!

Leider hat der Starkstrom nur
weder Sinne noch Verstand,
auch von Rücksicht keine Spur.
Höflichkeit ist unbekannt.
Kein Instinkt und kein Gefühl
leiten ihn im Drahtgewühl.

Soll kein Unglück hier geschehen,
müssen wir auf Sicher gehen.
Drum auch werden wir bewacht,
dass niemand einen Fehler macht.

In zwei Semestern lernten wir
den Starkstrom gründlich kennen.
Doch sind auch solche Leute hier,
die dabei ständig pennen.
Und wurde etwas beigebracht,
war kurz drauf wieder dunkle Nacht.

Weil es so war und ist und bleibt,
dass nur der Zwang zum Lernen treibt,
drum mussten wir uns auch beizeiten
auf das Labor schon vorbereiten.
Und wer sich vorbereiten soll,
führt nachher auch das Protokoll.

Doch auch die andern sollten sehen,
dass sie die Sache gut verstehen.
Jedoch, das ist die Theorie –
so ist es selten oder nie. ☞

Doch nun genug der Unkerei:
Den Vorhang auf, die Bühne frei!
Wer mutig ist, der ist dabei!

Grübelnd sitzen alle vier
über einem Blatt Papier.
Erster: „Hast Du's hingekriegt?"
Zweiter: „Nein, ich hab's noch nicht!"
Dritter gähnend schaut zur Uhr
und der Vierte seufzt auch nur.

Endlich dann, nach vielen Stunden
hat den Schaltplan man erfunden.
„Bitte sehr, Herr Hillermann,
schaun Sie das mal an!"
Voll Stolz zeigt er das Blatt Papier –
schnittmuster-ähnliches Gewirr.

O weh! Der halbe Schaltplan ist verkehrt
und auch der Rest ist nicht viel wert.

Egal! Was hilft's? Es drängt die Zeit!
Es muss auch so gelingen!
Die Schaltung bauen wir zu zweit.
Der Dritte soll Geräte bringen.
Der Vierte, der soll Schmiere stehen –
denn niemand darf das Ganze sehen!

Es klappt, und wie, noch schöner als im Buch!
Nun aber zeigt sich erst der Fluch:
Die Zeiger liegen still und brav
am Anschlagstift, im tiefsten Schlaf?
Von Messergebnis keine Spur ? ?
Fließt denn der Strom in Tropfen nur ? ¿ ?

Es schmort das Kabel, qualmt und räuchert schon.
Und wenn schon! Ist ja nur Isolation!
Das Kabel hält noch eine ganze Weile,
wir haben also keinen Grund zur Eile.

Doch plötzlich kommt und brüllt der Assistent:
„Sofort den Schalter aus! Es brennt!" –
Wo ist – o Schreck lass nach – der Schalter nur?
Und auch vom Feuerlöscher keine Spur!

Den Schüler packt mit einem Mal die Panik nun.
Er greift nach allen Schaltern, wie ein blindes Huhn,
schlägt um sich, reißt 'ne Lampe von der Wand.
Sie fällt – und er behält nur ein paar Volt in seiner Hand.
Au weh!

Die Sicherung tut ihre Pflicht im Nu
und sagt, wie immer, knapp und sachlich „Zack!" dazu.
Sonst nichts, ein Glück! Nun ist es wieder still.
Nicht lange, denn dann kräht es plötzlich schrill!
Er wälzt im Bett sich schwitzend hin und her,
stellt Wecker ab und seufzt: „Wenn der nicht wär!" ✿

(frei nach Begebenheiten im Starkstrom-Labor der
Ingenieurschule Hamburg, jetzt Fachhochschule)

Stellenwert

Ist eine Null auch wertlos klein,
ihr Platz kann doch sehr wichtig sein.
In Mathe kennt man dies – sowie
in mancher großen Hierarchie. ❀

Stiftzahn

Azubi Hans bei Murks&Co.
sitzt bei Herrn Müller im Büro.
Und Müller, was Hans schmerzlich trifft,
nennt den Azubi immer „Stift",
bis schließlich mal bei einem Streite
der Schmerz war mehr auf Müllers Seite.
Es tat, um kurz es zu erwähnen,
Schlagfertigkeit nicht gut den Zähnen.
– Nun fühlt Herr Müller, wenn er beißt,
den Zahn, der jetzt auch „Stiftzahn" heißt. ❀

Straßen-Idyll

Wenn jemand auf der Straße schreit,
ob Tag, ob Nacht, zu jeder Zeit,
ist meistens Alkohol der Grund,
auch mal ein weggerannter Hund.
– Wer kann schon zwischen beiden
Geräuschen unterscheiden? ❀

Streber

Ob die, die in der Schule streben,
auch Einsen kriegen dann vom Leben?
Mit Fleiß, doch frisch und souverän
kann man sehr gut durchs Leben gehn. ❀

Streitkultur

Es kann immer mal im Leben
allzu leicht Verstimmung geben,
auch, wo sonst nur immer Frieden,
denn die Menschen sind verschieden.

Die Wahrscheinlichkeit ist wirklich klein,
einer Meinung immer nur zu sein.
Hat von zweien einer immer Recht?
Ist wer Recht hat gut, der andre schlecht?

Niemand ist aufgrund von Amt und Alter
schon der Weisheit würdiger Verwalter.
Auch mit Titeln oder Muskelmassen
wird die Wahrheit sich nicht pachten lassen.
Wenn man frecher ist und lauter schreit,
zeugt selbst das nicht von Unfehlbarkeit.

Und auf diese Weise leicht passiert,
dass der Streit ganz maßlos eskaliert.
Darum niemals faule Mittel wählen,
wenn beim Streit dir Argumente fehlen.
Denn dem Gegner bleibt trotz Schlips und Frack
sonst von dir ein übler Nachgeschmack.

Höflichkeit beim Streit man leicht vergisst,
sagt auch mal, was übertrieben ist.
Überhör es, komm nicht gleich in Wut.
Zu vergeben ist für beide gut.

Ist der Stand der Dinge ungewiss,
hilft oft nur ein guter Kompromiss.
Selbst, wenn dies und das uns daran stört:
Guter Stil ist auch ein Opfer wert.

Später, wenn der Streit vorbei,
ist es auch nicht einerlei,
wie dein Ruf ist. Doch nicht nur
deshalb denk an Streitkultur:

Mach (das spart auch Zeit)
einen fairen Streit.
Ohne Sachlichkeit
gehst du leicht zu weit. ❀

Striptease

Striptease gibt es abends immer
– ganz allein im Badezimmer. ❁

Talar

So mancher, der talarbehangen,
wird in der Hölle warm empfangen. ❁

Talent

Ein Ehrenmann gern anerkennt,
was Könner schaffen mit Talent,
Ideen, Fleiß und tiefem Wissen.
Ein Stümper sehnt sich auch nach Ehre,
die möglichst sein Gehalt auch mehre,
lässt nur das Können sehr vermissen.

Was tut ein solcher Typ denn dann,
der ehrlich nichts erreichen kann,
um sein Ich-auch-Syndrom zu pflegen?
Er zerrt die Kunst auf sein Niveau
herab: „Das macht man heute so!
Der Fortschritt geht auf neuen Wegen!"

Und so, als wär das nicht genug,
gibt er sich auch noch neunmalklug
und tadelt Könner und ihr Schaffen.
Doch würd er, sollte es ihm glücken,
sich gern mit ihren Federn schmücken.
Er wird – ob so, ob so – zum Affen. ❁

Tapete

Wie kümmerlich sieht doch zu Haus
es vor dem Tapezieren aus!
Es sagt uns zwar der Sachverstand,
dass auch ganz schmucklos eine Wand
vor Regen, Lärm und Zugluft schützt
und auch die Zimmerdecke stützt.

Mit kahler Wand, selbst wenn sie heller,
erscheint ein Zimmer wie ein Keller
und die Gemütlichkeit ist fraglich.
Tapeten machen erst behaglich.
Ein Hauch Papier genügt uns schon.
Es lebe hoch die Illusion! ❀

Tarnung

Es tarnt sich gern mit Schlips und Frack
selbst ungewöhnlich gewöhnliches Pack. ❀

Therapie

Die besten Nasentropfen taugen
sehr wenig gegen Hühneraugen,
das weiß bestimmt schon jedes Kind.
Auch gilt: Es helfen weder Stöhnen,
noch Schimpfen, Jammern oder Tränen,
wo Kopf und Hand gefordert sind. ❀

Tiger (unar-tiger!)

Ein Tiger ist ein Tier
mit **g** in seiner Mitte.
Das merk beim Schreiben dir
und auch im Dschungel bitte.
Denn würd dich dort ein Tiger sehn,
es könnt dir <u>mittel</u>mäßig <u>gehn</u>.
(Suchst du in diesem Vers den Sinn,
dann such nur, es ist keiner drin.) ❀

Titel

Ein Titel kann nicht feiner sein
als die, die eifrig ihn verleihn
teils Eitlen, die allein mit Fleiß
erheischen scheinbar Geist-Beweis.

Der Titel: Wichtigste Etappe
vom Niemand zur Genie-Attrappe?
Doch gilt nicht nur von ungefähr:
Wo Titel sind, ist manchmal mehr. ❀

Trampelpfad

Manch Trampelpfad in Feld und Wald
verläuft ins Nichts sich allzu bald.
Der Anfang nur war gut zu sehen,
weil alle ihn ja zweimal gehen:

Voll Eifer hin, enttäuscht zurück.
Wie lästig dieses Missgeschick
mit nassen Füßen, Kratzern, Kletten!
Der nächste Wandrer, wolln wir wetten,
verleitet grad durch frische Spuren,
erleidet selbige Torturen. –

Doch das passiert nicht nur bei Pfaden,
auch sonst bringt blindes Folgen Schaden!
Drum: Folgst du Trends, bedenke das:
Auch auf dem Holzweg wächst kein Gras. ❀

Trigamie

Hüte dich vor Trigamie,
denn der Staat verbietet sie,
und als Tatbestand genügt,
wenn die Frau drei Zentner wiegt.

Strafe trifft den armen Mann,
selbst wenn er dafür nichts kann,
dass die Maid, die er gefreit,
dreifach wurde mit der Zeit.

Falls Tonnage eines Mannes
sich verdreifacht, ja dann kann es
für ihn werden ziemlich teuer:
Staat kassiert dann dreifach Steuer.

Zwar vom Lohne, der schon knapp,
zieht man ihm nicht noch mehr ab,
doch summiert sich schon die Steuer
für das Essen ungeheuer.

Mann und Frau betrifft gemeinsam:
Wer zu dick ist, bleibt oft einsam.
Schwer fällt auch das Treppensteigen
oder sich am Strand zu zeigen.

Drum, o Mann, o Frau, statt Klage
stell dich öfters auf die Waage.
Iss mit Maßen, dass sie nicht
unter dir zusammenbricht. ❀

Trotz

Ihr sagt, der Trotz sei Kindersache
und käme in zwei Phasen?
Bei Kindern nur? Dass ich nicht lache!
Fasst an die eignen Nasen!
Die ganze lange Weltgeschichte
enthält zum größten Teil Berichte
von Trotz und „kindischem" Verhalten.
Der Kinder nicht – nein, nur der Alten! ❀

Tüftler

In Abessinien sah vor Zeiten
man jemand etwas zubereiten,
wobei er unverhofft entdeckte,
was ihm ganz ausgezeichnet schmeckte:

Erst sengelte er Kerne an
von Frucht, die man dort pflücken kann.
Dann mahlte er sie ziemlich fein,
vielleicht auf Fels mit einem Stein.
Mit Butter und mit Honig mischte
er ein Getränk sich, das erfrischte.

Verrückter Kram? – Der Kaffee dann
die ganze Welt im Sturm gewann.
Was lernt man draus? Man soll nicht lachen,
wenn Tüftler was „Verrücktes" machen.

Sie bringen manches in Bewegung
durch Zufall und durch Überlegung,
durch Wissen und Inspirationen.
Ob alle Mühen sich auch lohnen
(was ihnen sehr zu wünschen wär),
das wissen sie erst hinterher.

Den Tüftlern schulden wir sehr viel.
Wir wären ohne „dummes Spiel",
das sie aus Neugier einmal trieben,
ja in der Steinzeit noch geblieben.

Auch heutzutage gibt es viele
sehr lohnende Erfindungsziele.
Wer jauchzt, er hat den großen Knüller,
wird mit der Zeit doch meistens stiller.
Recherche: Ist es schon erfunden?
Entwicklung, Tests, viel Geld und Stunden!

Und falls sich keine Käufer finden,
die Akten tief im Schrank verschwinden
und aller Aufwand ist perdu.
Verfänglich ist die Euphorie. ❀

Umweg

Man muss bei mancherlei Problemen
beizeiten einen Umweg nehmen,
wie auch schon anno dazumal
der Urmensch im Mäandertal. ✽

Unaufrichtig

So mancher Mensch, der ehrlich scheint,
sagt A und B, wenn C er meint. ✽

Unkenntnis

Der eine spendet höchstes Lob,
wenn er erprobt ein Mikroskop.
Ein andrer meint, dass großer Mist
solch seltsam teurer Schraubstock ist.
Man urteilt falsch, wenn man Gerät,
Buch oder Mensch nicht recht versteht. ✽

Unkraut

Nicht alle Pflanzen blühen schön,
die sich nur aus Versehn versäen,
und was am üppigsten gedeiht,
nicht immer sehr das Auge freut.
Dagegen kümmert oft dahin,
was edel in des Gärtners Sinn.
Ich meine, beide Arten sollen
vertauschen endlich ihre Rollen! ❀

Unlust

Die Unlust ist ein böses Tier,
es legt nur schlechte Eier dir,
die nicht nur dir missfallen,
erst recht den andern allen.

Und aus den Eiern kurz darauf
schlüpft neue Unlust aus zuhauf.
Drum solltest du dich hüten,
die Unlust auszubrüten.

Mit Lust und Liebe nur gelingt
dir etwas, das dir Freude bringt.
Das macht auch alle andern froh
am Arbeitsplatz und anderswo. ❀

Unordnung

Man sagt, fällt Ordnung einem schwer,
dass wie der Herr, so das Gescherr.
So ähnlich passt es auf Hawaii,
dass wie der Hai, so das Geschrei. ✿

Unternehmer

Wer mutig ist, wird Unternehmer.
Doch anders ist es viel bequemer.
Drum sucht der ganzen Menschheit Rest
sich lieber ein gemachtes Nest. ✿

Unterschied

Wir Menschen gerne danach trachten,
dass die, die ehrbar sind, uns achten.
– Bei andern ist es umgekehrt
mehr die Verachtung, die uns ehrt. ✿

Urmensch

Ein Urmensch sitzt am Lagerfeuer.
Die Nacht ist ihm nicht ganz geheuer:
Wer weiß, ob irgendwo im Dunkeln
nicht Raubtieraugen gierig funkeln?
Vielleicht sind Feinde auf der Lauer?
Es schaudert ihm schon auf die Dauer.

Doch unverhofft im Mondenschein
fällt ihm die High-Tech-Lösung ein:
Um sich vor Feinden gut zu schützen,
will er ein Instrument benützen,
das seinem Arm zur rechten Zeit
mehr Länge und mehr Kraft verleiht.

Er denkt noch viele Stunden nach,
läuft eilig los am nächsten Tag
und sucht sich mit geübtem Blick
im Wald aus festem Holz ein Stück,
das etwa ein, zwei Ellen misst
und wuchtig, doch noch handlich ist.

Das dünne Ende kann er fassen
und dann das dicke sausen lassen.
Drum sagt man auch seit diesem Tag:
„Das dicke Ende kommt noch nach!",
denn dieses dicke, schnelle Ende,
das bringt in jedem Kampf die Wende.

Ein Kampf, bisher mit bloßen Händen,
der konnte sehr verschieden enden.
Sein Zauberstab jedoch, die Keule,
regt alle Feinde an zur Eile:
Wer nicht entfleuchen will, kriegt Keile
und manche farbenfrohe Beule.

Ob Mensch, ob Tier, ob Missing Link,
ein Wink mit diesem Ding wirkt flink.
Nun kann er Wölfe, Löwen, Bären
ein höfliches Benehmen lehren,
dass sie sich tief vor ihm verbeugen
und auch ganz unterwürfig schweigen.

Zu Hause führt er das Gerät
den andern vor, so gut es geht.
Doch kann es ihm nicht ganz entgehen,
dass sie das Dingsbums nicht verstehen,
denn leider ist das Publikum
in punkto Fortschritt ziemlich dumm.

So auch die Wilden in der Höhle,
man hört von weitem ihr Gegröle:
„So'n Ding hat es noch nie gegeben!"
„Das brauchen wir doch nie im Leben!"
„Es kann ja gar nicht funktionieren!"
„Du wirst dich schön damit blamieren!"

Ein Depp, ein reichlich ungescheiter,
der treibt es mit dem Hohn noch weiter:
Er nennt mit Flüchen und mit Zoten
den Tüftler einen Idioten,
und statt das Utensil zu loben,
verlangt er spöttisch Gratisproben.

Der Tüftler reagiert im Nu,
holt aus und schlägt begeistert zu.
Der Depp, der sich zu Boden neigt,
ist nun doch sichtbar überzeugt.
– Und die Moral von der Geschicht:
Verspottet die Erfinder nicht! ❀

Verdacht

Leicht wird verdächtigt einer Tat,
wer einen Nutzen davon hat. ❀

Vergangenheit

Vergangenheit ist allemal
noch fester als der beste Stahl
und lässt sich nicht mehr biegen.
Was dich daran auch ärgern mag,
vergiss es! Nutze diesen Tag
mit Eifer und Vergnügen. ❀

Verkehr

Es gibt ja viel zu viel Verkehr
in unsrer Stadt. Das stört uns sehr.
Dem Lärm, dem Abgas, der Gefahr
entgeht, wer raus aufs Land fährt, zwar.
Doch muss, wer bleibt, so leider mehr
darunter leiden als vorher
und fährt demnächst dann auch ins Grüne,
vergrößert so die Blechlawine.
Das ist ein wahrer Teufelskreis.
Ob jemand einen Ausweg weiß? ❀

Verlegt?

So mancher sich ganz heimlich leiht,
was er grad braucht. Und lange Zeit
nachdem die Sachen er benutzt,
legt er sie dann vielleicht verschmutzt
zurück, vielleicht defekt, verschlissen,
auch ohne des Besitzers Wissen.

Indes der, dessen Sachen fehlen,
weiß nichts vom temporären Stehlen.
Er sucht und sucht sie aufgeregt:
Wo hat er sie nur hingelegt?
Er hatte doch mal Ordnungssinn!
Ist sein Gedächtnis schon dahin?

Die Arbeit muss, da hilft kein Klagen,
er bis auf weiteres vertagen,
und in der Planung gibt es schon
gleich eine Kettenreaktion.

Dann endlich kauft er sich Ersatz,
damit gefüllt der leere Platz,
und greift zufrieden nach der Kiste:
Oh, da entdeckt er das Vermisste!

Nun denkt er, dass er nicht sehr helle
gesucht hat an der falschen Stelle,
und dass er selbst es ungeniert
in schlechtem Zustand einsortiert.

– Der egoistisch und bequem
verursacht hatte das Problem,
dem ist das alles ganz egal.
Er tut es wohl noch manches Mal. ❀

Verleihen

Beim Verleihen daran denken:
Wärst du auch bereit, zu schenken?
Denn es kennt den Unterschied
ja nicht jeder – wie man sieht. ❀

Vermessen

Wer mit dem Messgerät vermisst,
vermisst es, wenn er es vergisst.
Wer nie ein Messgerät besessen,
kann beim Vermessen sich vermessen.
Vermessen wäre dann, nicht schlau,
zu sagen, dass dies Maß genau. ❀

Vernunft

Vernunft hat eine weite Sicht
rundum und in die Ferne
und traut den Launen lieber nicht,
denn Launen trügen gerne.

Vernunft meint mancher, zu besitzen.
Doch um sich gut vor ihr zu schützen,
gebraucht er sie nur dann und wann.
So bringt sie Pläne und Gedanken
die ihm gefallen, nicht ins Wanken.
Aus Schaden er dann lernen kann,
wenn er nur will. Nur wüst zu toben
nützt wenig. Weiter siehe oben. ❀

Vernunftehe

Manch armen Mannes Treueschwur
zur reichen Frau ist Schläue nur.
Doch bändeln bei dem reichen Mann
sehr gern auch arme Frauen an. ❀

Vorurteil

Wer zu gerechtem Urteil nicht imstande,
der schweige – sonst macht er sich Schande.
Ein Urteil, ob berechtigt oder nicht,
kennzeichnet den auch immer, der es spricht.
Ein falsches Urteil, das zurückgenommen,
nachdem in viele Ohren es gekommen,
läuft trotzdem weiter, nicht zu unterscheiden
von Wahrheit. Besser jedes Urteil meiden. ❀

Waage

Es ärgert sich ein Schwerathlet,
wenn er mal auf der Waage steht,
denn dort entnimmt er den Tabellen,
die angebracht an solchen Stellen,
dass er für seine Körperlänge
zuviel wiegt, eine ganze Menge.
Ihn, der aus Muskeln, Haut und Knochen
allein besteht, bringt das zum Kochen!

Ein Andrer, wie ein Besenstiel,
der wiegt dagegen nie zuviel
trotz Bierbauch und trotz Rettungsringen.
Wie kann dem das denn nur gelingen?

Es weiß schon jedes Kind genau:
Verschieden ist der Knochenbau!
Mir scheint, der Schreiber der Tabelle
war schmal – und auch nicht allzu helle.

Nun wird wohl er von seinen Kunden
gewogen – und zu leicht befunden *.
Er soll ja allen Schwerathleten
(auch physisch) nicht zu nahe treten! ❀

* aramäisch: Menetekel... (Bibel, A. T., Daniel 5, 25-28)

Weltall

Es gibt Galaxien, wohl hundert Milliarden,
mit je 'zig Milliarden von Sonnensystemen.
Will alle auf unsere Erde man laden,
muss auf jeden i-Punkt zehn Sonnen man nehmen,
darauf die Planeten und Monde noch häufen.
Kann je wohl ein Mensch solche Mengen begreifen? ✿

Für Zweifler hier die aktuelle Schätzung, bestätigt von Sternwarte Hamburg:
Anzahl der Galaxien (Spiralnebel): 10^{11} (11 Nullen) = 100.000.000.000 Stück
Mit durchschnittlich je ca. 10^{11} Sonnensystemen = 100.000.000.000 Stück
Total ca. 10^{22} Sonnensysteme   = 10.000.000.000.000.000.000.000 Stück
Erdoberfläche: 510.300.000 km^2 = 510.300.000.000.000.000.000 mm^2

Auf jeden Quadrat-Millimeter (!) Erdoberfläche (Land+Meer) entfallen also
ca. 20 Sonnensysteme samt ihren Planeten und Monden. Einverstanden?

Werbung

Mancher Slogan
ist gelogen. ✿

Wetter

Das Wetter hier in Hamburg ist,
wenn wir es recht besehn,
zwar meistens typisch, manchmal Mist,
doch ab und zu auch schön.

Kurzum: Wir müssen uns bescheiden
mit solchem Wetter wohl begnügen.
Uns bleibt nur: passend uns zu kleiden,
im Haus zu bleiben, wegzufliegen. ✿

Wichtigtuer

Das Weltall ist unglaublich groß,
die Welt darin ein Staubkorn bloß.
Erst recht muss dann ganz winzig klein
der größte Wichtigtuer sein.

Wie macht ein Wichtigtuer es dann bloß,
dass er sich so in seiner Größe sonnt?
Nun, so ein Wicht ist wirklich grandios
– gemessen an dem engen Horizont!

Ja, ist er darum so vermessen
und pausenlos darauf versessen,
dass alle ihn für wichtig halten?
Wir lachen – und er kriegt nur Falten. ✼

Wissen

Ob Menschen, Sachen oder Wissen:
Nur was man kennt, kann man vermissen.
Erkenntnis eigner Wissenslücken
kann deshalb auch nicht jedem glücken.
Drum hält ein Mensch, der ahnungslos,
sein eignes Wissen oft für groß. ✼

Witze

Ein paar Prozent der Witze
sind Spitze.
Zu wünschen übrig lässt
der Rest. ✼

Xanthippen

Xanthippen machen viel Verdruss,
mehr noch Xanthippopotamus. ❀

Ypsilon

Zu Übsilon fiel mir nichts ein.
Es muss ja auch nicht heute sein.
So manches tut man lieber dann,
wenn man es besser packen kann. ❀

Zahnarzt

Sei zu dem Zahnarzt freundlich nur,
er könnte sich sonst rächen.
Nicht nur mit einer Bohr-Tortur,
auch später noch, beim Blechen. ✿

Zähnerie (äh, Szenerie!)

Es gibt in mancherlei Maschinen
Zahnräder, die dem Antrieb dienen,
mit Zähnen, alle gleich und schön,
nur leider selten mal zu sehn.

Ganz vorn in meinem Unterkiefer
da stehn die Zähne leider schiefer.
Mir scheint, sie drängeln sich ans Licht,
doch reicht der Platz für alle nicht. ✿

Zeitgeist

Der Zeitgeist hat, wie er beweist,
nur wenig Zeit und wenig Geist.
Er nimmt für Geist sich keine Zeit.
Wie dumm von ihm! Er tut uns leid. ✿

Zeitungszahlen

In jeder Zeitung liest man Zahlen
von Fakten, manchmal sehr banalen.
Dem Leser ist nur oft nicht klar:
Pro Tag, pro Woche, Monat, Jahr?

Und diese Zahl, wofür sie zählt?
Europa? Deutschland? Alle Welt?
Vielleicht auch nur für diese Stadt?
Das steht sehr oft nicht drin im Blatt.

Auch fällt ihm schwer in manchen Fällen,
sich so zum Beispiel vorzustellen,
wenn Wald zerstört vom Wirbelwind:
was vierzigtausend Hektar sind.

Wer's wissen will, der teilt durch hundert,
zieht dann die Wurzel, stellt verwundert
so fest: Wie zwanzig Kilometer
mal zwanzig. – Also, das versteht er.

Und heißt es mal, dass drei Milliarden
betrug durch dies und das der Schaden:
Das sind auf jeden Steuerzahler
in Deutschland etwa hundert Taler.

Hektar, Milliarde und Million –
was sagen sie dem Leser schon,
der ein paar Meter im Quadrat
als Wohnung oder Garten hat
und auf dem Konto ein paar Mille?
Er sieht die Welt durch diese Brille.

Bei manchen Zahlen muss man stutzen,
weil allzu fraglich ist ihr Nutzen:
Stand nicht zum Beispiel mal geschrieben,
dass dreiundfünfzig Komma sieben
Prozent, die unter Mücken leiden,
in der Bekleidung Lücken meiden?

Auch bei Befragungs-Resultaten
ist etwas Skepsis anzuraten.
Wer interviewt, erreicht sein Ziel
mit Fragen, ziemlich leichtes Spiel:
„Sie meinen doch nicht etwa ...?"– „Nein!"
wird dann auch prompt die Antwort sein.

Ein Übel hat auch jede Zahl:
An jeder Stelle stehn zur Wahl
zehn Ziffern – und nur eine stimmt.
Ob man wohl die gerade nimmt?

Und wenn die rechte Zahl getroffen,
so ist damit noch völlig offen,
ob, bis sie in der Zeitung steht,
nicht irgendjemand sie verdreht.

Bei Zahlen wohl der Zufall möchte,
dass gute man ersetzt durch schlechte.
Dem Zufall scheint es nur verwehrt
zu korrigieren, was verkehrt.

Doch hört man auch von solchen Zahlen,
da fehlen gleich drei Dezimalen.
Dafür, beim nächsten Zahlenspiel,
schreibt man drei Nullen dann zuviel.

Die meisten Leser übersehen
das, was sie doch nicht ganz verstehen.
Die Zeitung selten nur bekennt,
dass irgendjemand hat gepennt.

Doch sollte es tatsächlich sein,
steht's irgendwo versteckt und klein.
Das Blatt genügt zwar seiner Pflicht –
der Leser aber sieht es nicht.
Er muss für falsche Zahlen zahlen,
und manche Zahl verschafft ihm Qualen. ✿

Zitate

In Zeitung, Zeitschrift und Kalendern
steht viel, was täglich sich kann ändern.
Man liest es, ist es so gewohnt.
Ob sich wohl dieses Opfer lohnt
an Zeit und auch an Speicherplatz
im Kopf? Es ist doch für die Katz.

Denn das, was heute wichtig war,
was zählt das noch in einem Jahr?
Doch kann man auch Zitate finden,
die zeitlos Gültiges verkünden
von Denkern, weise und erfahren,
zum Teil vor Tausenden von Jahren.

So manche Deutung von Begriffen
ist kurz, pointiert und sehr geschliffen.
Zum Beispiel liest man immer gerne nach:
Was meint Marie von Ebner-Eschenbach?
„Ein Aphorismus" (langes Wort für kurzes Ding)
„ist einer ... Kette von Gedanken letzter Ring."

Es kostet keine Mark, mal nachzusehn
bei Mark Aurel (dem Kaiser) und Mark Twain.
Bei Busch, Jean Paul, Fontane, Rochefoucauld *,
Bruyère, Seneca, Horaz, Cicero,
Götz, Heine, Hesse, Hebbel, Heyse
und Goethe steht auch vieles Weise.

Nicht zu vergessen ist auch Lichtenberg,
denn massenhaft Zitate sind sein Werk.
Man müsste hier noch viele Denker nennen,
die viele Worte schrieben, die wir kennen.
Ein teures Erbe, Gruß von Einst an Jetzt.
Ganz unbezahlbar dem, der Weisheit schätzt.

* „Rochefoucauld" wird „Roschfuko" ausgesprochen.

Es sind auch manche Sprüche sehr markant,
bei denen die Verfasser ungenannt.
Ein jedes Sprichwort, ob in deutschen Landen,
ob anderswo, ist einmal doch entstanden.
Wie klein, wie groß ein fernes Land auch sei,
es trug auch einen Schatz von Weisheit bei.

Man findet Sprüche auch in manchem Buch
ganz unerwartet. Man hat nie genug,
denn solche Sammlung ist ein großer Schatz.
Er kostet wenig, braucht nur wenig Platz.
Mit Freunden auszutauschen ist nicht schwer,
und durch das Teilen wird es immer mehr.

Ein großer Name steht bei manchen Sprüchen zwar,
doch prüfe trotzdem immer: Ist der Spruch auch wahr?
Sag nie zu schnell, der Spruch hat keinen Sinn!
Lies ihn in Ruhe, sieh noch einmal hin.
Und kann er dir noch keine Einsicht schenken,
er schärft doch deinen Blick und schult dein Denken.

Ein Mensch sucht manchmal wirklich lange Zeit
nach einem andern, der gesprächsbereit
und nett und klug und rundum kompetent.
Doch falls er einen solchen wirklich kennt
und meint, nun hat er endlich, was er sucht,
dann ist der andre zeitlich ausgebucht.

Da ist er besser schon beraten,
sucht er die Zuflucht bei Zitaten.
Die kann er Tag und Nacht bemühen
und immer dann zu Rate ziehen,
wenn ihm der Schädel einmal raucht
und er ein klares Urteil braucht.

So hat er Prominenz im Haus,
und guter Umgang zahlt sich aus:
Ein Mensch, bereit auf Rat zu hören,
den können Weise sehr viel lehren.
Mag physisch er auch einsam sein,
ist er doch geistig nie allein. ❀

Zufall?

O Mensch, du denkst, der Zufall nur
erschuf die Wunder der Natur
im Laufe mancher Jahrmillion
allein durch E-vo-lu-ti-on?

Es stimmt, dass in der großen Masse
von Nachwuchs einer jeden Rasse
vereinzelt mal ein Exemplar
in manchem etwas besser war.
Und wer der Beste in dem Nest,
der überflügelte den Rest
und der vererbte an sein Kind
die Gene, die erfolgreich sind.

So kam die Spezies immer weiter
auf der Entwicklungsstufen-Leiter,
weil meist der Tüchtigste auch siegte.
Ich zweifle nur, ob das genügte,
um neue Arten zu erschaffen,
nach Wurm, Reptil und Fisch den Affen,
bis dann, nach Jahrmillionen zwar,
zum Schluss der Mensch entstanden war.

Bedenke einmal sachlich jetzt,
dass alles wird vorausgesetzt,
was zur Entwicklung nötig ist.
Ob das der Atheist vergisst?

Naturgesetze – machte wer?
Materie – wo kam sie her?
Vererbung – findet auch nur statt,
wenn's Nachwuchs gibt, der Gene hat
und lebt. – Und wie entstand das Leben?
Nur zu, kannst du die Antwort geben?

Selbst Darwin, dem sich jeder beugt,
war nicht vollkommen überzeugt
von seiner eignen Theorie,
denn allzu oft versagte sie.

Wie sah denn die Entwicklung aus
zum Beispiel bei der Fledermaus?
Wie kam es denn, dass ihr Sonar
– noch nutzlos – in Entwickung war?

Und Flügel, noch nicht flugbereit,
die wuchsen eine Ewigkeit,
derweil sie hemmten bei den Tieren
den Gang, die Flucht auf allen Vieren?
Starb sie denn aus als leichte Beute?
Es gibt die Fledermaus noch heute!
Dies ist ein Beispiel nur von vielen,
um etwas Skepsis zu erzielen.

Auch fragt man sich: Wie kann geschehen,
dass Babies so „aus nichts" entstehen?
Mit Händchen, Hirn und Augen schon,
ein Wunderwerk an Präzision!

Wenn du die Augen nicht verschließt,
die Welt mit ihren Wundern siehst:
Was fehlt? Was würde dir erlauben,
an einen Schöpfer, Gott, zu glauben?

Sind Wünsche Väter von Gedanken,
so kommt die Logik sehr ins Wanken:
Du hoffst, dass nach dem Erdenleben
du keine Rechenschaft musst geben?

Doch was man lange Zeit verdrängt,
das kommt dann schneller als man denkt.
Man soll, erst recht bei großen Dingen,
was unklar ist, in Ordnung bringen.
Und so bekommt das Leben schon
gleich eine neue Dimension. ❀

Zweifel?

Wer denkt, versucht, von allen Sachen
sich selbst sein eignes Bild zu machen,
die er so sieht und liest und hört:
Ein Puzzle aus sehr vielen Stücken.
Nur manchmal will es gar nicht glücken,
weil hier was fehlt und dort was stört.

Ein solcher Punkt von allen diesen
sind Wunder. Ist es denn bewiesen,
was in der Bibel wird berichtet?
Ein Wunder lässt meist der nur gelten,
der es erlebte. Andre schelten:
„Ein Zufall!" oder: „Nur erdichtet!".

Ich habe selbst in vielen Jahren
so manches Wunder schon erfahren,
ja, ganz genau gesehen.
Doch habe ich auch allzu oft
gebangt, gebetet und gehofft
auf Wunder. – Nichts geschehen.

Doch ist mir dies kein Grund für Zweifel.
Ein Beispiel sei der Turm von Eiffel,
Paris. Dort war ich einmal nur.
Woanders glaubt man so was kaum.
War es denn alles nur ein Traum?
Doch im Gedächtnis bleibt die Spur.

Ob ich ihn jemals wieder sehe,
ob aus der Ferne oder Nähe:
zum Zweifel keine Gründe!
Ob Turm, ob Wunder, es genügt
der eine Blick, der mich nicht trügt,
dass ich die Wahrheit finde. ✼

Bei einer letzten Seite grade
erkennt man die Verschiedenheit
der Leser. Einer sagt: „Wie schade!",
der andre: „Endlich! Höchste Zeit!"

Nachwort

Nun haben Sie leider/endlich das Ende des Buches erreicht. Wenn es Ihnen gefallen hat, werden Sie auch z. B. Gedichte von Wilhelm Busch, Eugen Roth und Erich Kästner gern lesen. Eine Fundgrube mit 1700 Gedichten von etwa 200 Dichtern ist das Buch „Der ewige Brunnen" (ISBN 3 406 04140 X).

Wenn Ihnen einige meiner Gedichte nicht zusagen, ist Ihr gutes Recht, die Ihnen missfallenden Stellen mit Fragezeichen oder gepfefferten Kommentaren zu versehen. Der vorsichtige Mensch benutzt dazu lieber einen Bleistift, falls er das Buch mal verleiht oder seine Anschauung ändert. Nur der arme Autor musste sich auf eine Meinung festlegen. Apropos Hölle: Ich kenne mich dort nicht aus, zugegeben.

Natürlich gibt es auch Leute, die rundweg alles ablehnen. Dazu fällt mir ein passendes Wort des Schriftstellers und Physikers Georg Christoph Lichtenberg (1742-1799) ein: "Wenn ein Buch und ein Kopf zusammenstoßen und es klingt hohl, sind Sie sicher, dass es allemal am Buche liegt?"

Vielleicht vermissen Sie wichtige Themen in diesem Buch. Sie haben Recht. Vollständig wäre das Buch aber auch in zig Jahren noch nicht, und jetzt ist wenigstens schon etwas da. Inzwischen sind auch schon wieder einige Gedichte für den nächsten Band entstanden. Das wird aber noch etwas dauern.

Über den christlichen Glauben habe ich einiges geschrieben, weil viele Menschen leider falsche Vorstellungen davon haben. Der Glaube ist eine Kraft, die das Leben besser gelingen lässt. Es wäre leichtsinnig, das wichtige Thema „Gott" zu ignorieren, nur weil „die Kirche" oder „die Christen" Sie mal enttäuscht oder mit seltsamem Beiwerk dauerhaft abgeschreckt haben.

Nicht die Tradition, sondern nur das Original zählt: die Bibel. Es gibt übrigens neue Übersetzungen, die gut zu lesen sind. Man kann in der Bibel beim „Alten Testament" (vorn) oder einfacher beim „Neuen Testament" (letztes Viertel) anfangen. Es lohnt sich. Ich wünsche Ihnen von Herzen alles Gute!

Rainer Thomsen

Anhang zu „Dichten", siehe Seiten 28 – 33

Was ist ein Gedicht? Das ideale Gedicht dürfte sein:
Ein abgeschlossener Text über ein interessantes Thema,
in einer besonderen Form (Reim, Rhythmus, Strophenform)
„verdichtet" (komprimiert) und „geschliffen" (optimiert).
Leider wird die Untergrenze für „Kunst" immer tiefer gezogen.
So nennt man z. B. selbst solche Texte „Gedicht" oder „Lyrik",
die mit diesem Ideal wirklich nichts mehr zu tun haben.
Man kann niemandem vorschreiben, was ihm zu gefallen hat.
Aber verschiedene Arten brauchen auch verschiedene Namen.
Hier zwei Checklisten für Texte und Gedichte:

Qualität von Texten, also auch Gedichten:
Interessantes Thema, möglichst neue Idee, klare Aussage,
logische Gliederung, nachvollziehbarer Gedankenfluss,
Klarheit, Textlänge angemessen zum Inhalt, Wortwahl,
Stil, Satzbau, Grammatik, Interpunktion, Rechtschreibung.
Eventuell auch: Spannung, Humor, Doppelsinn, Wortspiele.

Qualität von Gedichten speziell:
Rhythmus (betonte/unbetonte Silben) gleichmäßig, natürlich.
Möglichst wenige und nur übliche Kürzungen (sehn, wir's ...).
Zeilen kurz und überschaubar, möglichst ohne Füllwörter.
Keine nichtssagenden Zeilen nur für die angestrebte Form.
Reimwörter passend, nicht abgedroschen (Herz/Schmerz).
Reimschema (AABB, ABAB, ABBA usw.) klar, passend.

Wie entsteht bei mir ein Gedicht?
Ich notiere mir interessante Beobachtungen und Gedanken,
tippe sie gelegentlich am PC in meine Datei „Stoffsammlung"
und verarbeite sie weiter, wenn ich Zeit, Ruhe und Ideen habe.
Jedes Gedicht hat seine eigene Geschichte, ist ein Einzelstück.
Manchmal ist es „Inspiration", manchmal simple Kleinarbeit,
und manchmal kommt wochenlang nicht eine Zeile zustande.

Ein Reimwörterbuch habe und brauche ich nicht, dafür aber
Synonymwörterbücher (z. B. im PC: Word-Extras-Sprache-Thesaurus),
um mich treffender auszudrücken, um nicht dasselbe Wort
mehrmals kurz nacheinander zu benutzen, oder um ein Wort
zu finden, dessen Silbenzahl oder Endung in die Zeile passt.
Außer Ideen und Inspiration gehört also auch Handwerk dazu.
Einige Zeit später sehe ich neu entstandene Gedichte oft mit
ganz anderen Augen und überarbeite sie nötigenfalls etwas.

Die Autoren

Rainer Thomsen und Uwe Beer haben einiges gemeinsam:
Sie sind von Herzen überzeugte Christen.
Beide wissen von den großen Problemen in dieser Welt,
und jeder versucht, auf seine Weise hier und da zu helfen.
Sie haben aber auch eine große Hoffnung und daher
viel Lebensfreude, von der sie gern etwas abgeben.
In diesem zweiten gemeinsamen Buch geht es zwar mehr
um ernste Themen, es ist aber wohl auch nicht ganz trocken.

Rainer Thomsen wurde 1942 geboren, lebt in Hamburg
(also in der norddeutschen Triefebene), ist verheiratet,
hat zwei erwachsene Söhne und einen kleinen Enkel.
Er ist begeisterter Heimwerker, liebt Folklore-Musik,
liest gern Aphorismen, Gedichte mit Humor und
Tiefgang und nicht zuletzt auch die Bibel, die ja
eine unerschöpfliche Quelle der Erkenntnis ist.
Der Ingenieur war von jeher ein Querdenker mit
vielen Ideen: Erst als Konstrukteur von Maschinen
und als Betriebsorganisator, seit einigen Jahren als
freiberuflicher Verfasser von Bedienungsanleitungen
und hier auch als Urheber eines bunten Straußes von
Gedichten über die verschiedensten Themen.

Uwe Beer, Jahrgang 1962, lebt in Sereetz bei Lübeck.
Er ist glücklicher Familienvater und gelernter Augenoptiker.
Aber auch im übertragenen Sinn legt er Wert auf Durchblick:
Nebenberuflich hat er schon mehrere Sach- und Fachbücher
illustriert. Nach einer Zeit auf See (auf dem Hospital-Missions-
Schiff Anastasis), dem Besuch einer theologischen Fachschule
und einem weiteren Studium arbeitet er jetzt als Dipl.-Sozial-
pädagoge. Ihn interessieren u. a. die Bibel, die Archäologie
und die Arbeit für und mit Kindern. Er lernt auch gern
andere Menschen und Kulturen kennen.

Warum ich Christ geworden bin?

Schon als Jugendlicher habe ich mir Gedanken gemacht,
wie das Universum mit allen seinen Wundern entstanden ist:
Nur durch Zufall? Das konnte ich mir wirklich nicht vorstellen.
Also blieb als Ursache nur „eine höhere Intelligenz" übrig.
Und das wirft allerdings eine Menge weiterer Fragen auf:

Gott hat die Menschen mit perfekt ausgetüfteltem Körper,
mit Persönlichkeit, Gehirn und Gewissen erschaffen.
Wird er sie nach dem Tode einfach spurlos vergehen lassen?
Wird es ihm egal sein, was sie im Erdenleben so getan haben,
zum Wohl oder zum Schaden anderer?

Wird er wohl einige Menschen gern in seiner Nähe haben?
Aber wer ist gut genug dazu? Selbst das Leben der besten
Menschen hat Flecken, wo sie unwissend, gedankenlos,
in Eile, im Zorn oder sogar bewusst falsch gehandelt haben.
Wieviel % Fehler im Menschenleben kann Gott akzeptieren?
Kann ein Mensch ein Versagen irgendwie wiedergutmachen?

Weil Gott die Liebe, zum Beispiel die Mutterliebe, erdacht hat,
ist sie ihm auch nicht fremd. Würde es ihm wirklich gefallen,
Menschen, die ihn lieben, wegen einiger Fehler zu verstoßen?
Darf ein Richter einen Angeklagten deswegen freisprechen,
weil er sein Freund ist? Aber der Richter dürfte eine von ihm
selbst verhängte Geldstrafe aus der eigenen Tasche bezahlen.
So würden Recht und Liebe einander nicht ausschließen.

In der Bibel steht, dass Gott ein solches Opfer gebracht hat,
um die Menschen, die sich nach ihm sehnen, freizukaufen:
Er kam in Jesus auf die Welt und starb am Kreuz für sie.
Wer dieses Opfer für sich persönlich in Anspruch nimmt,
ist vor Gott, vor sich selbst und vor allen anderen sichtbaren
oder unsichtbaren Mächten schuldlos wie ein Neugeborenes.
Darum sagt man auch „Wiedergeburt" und „neues Leben".

Der Mensch kann selbst entscheiden, ob er Gott in seinem
Leben und Denken einen angemessenen Platz geben will.
Ich habe mich entschieden, Christ zu werden, mich einer
lebendigen Gemeinde angeschlossen und lese die Bibel.
Auch als Christ habe ich noch viele offene Fragen, aber
die Liebe und das Vertrauen zu Gott sind mir viel wichtiger.
Ich freue mich auf den Himmel – aber bis dahin habe ich auf
diesem schönen Planeten noch alle Hände voll zu tun.

Rainer Thomsen

Guter Rat für Ahnunxlose

Nicht immer ernst zu nehmende Gedichte
von Rainer Thomsen + Zeichnungen von Uwe Beer

Das erste Buch von Thomsen. Es hat 84 Seiten,
62 ebenso sachkundige wie nützliche „Ratschläge",
65 treffende Sprüche und 64 pfiffige Zeichnungen.

Die Gedichte wenden sich an folgende Adressaten:

Aquarianer	Kantinenfrau
Astronom	Kellner
Autofahrer (3 Gedichte)	Krimi-Autor
Beifahrer	Kunstmaler
Bergmann	Möbeltischler
Briefmarkensammler	Musikfreund
Camper	Nachbar
Dichter	Neubaumieter
Direktor	Paketzusteller
Dirigent	Personalchef
Fernsehgucker	Pflegehelfer
Friseur	Pianist (2 Gedichte)
Friseurin	Radler
Fußgänger	Sekretärin
Gärtner	Sielarbeiter
Geigenschüler	Strohwitwer
Geschäftsmann	Tante
Grillfreund	Taucher
Hausfrau (9 Gedichte)	Topstar
Hausmann (3 Gedichte)	Tourist
Heimwerker (2 Gedichte)	Vater
Installateur	Wanderer
Jüngling	Xaver
Juwelier	Zahnpatient

Das Buch ist richtig für alle, die Sinn für Humor haben.
Es ist leichte Kost für Pausen, auf Reisen, in Wartezimmern,
mit reichlich Stoff für Stammtisch, Party und andere Anlässe.
Zwischen den Zeilen stehen aber auch einige Denkanstöße.

Auf der nächsten Seite finden Sie eine kleine Kostprobe.
Mehr gibt es im Buchhandel unter ISBN 3-8311-2084-6.

Paketzusteller hört den Rat
von einem, der Erfahrung hat:
Ob Dinge sehr zerbrechlich sind,
weiß aus Erfahrung jedes Kind,
ihr sicher auch. Nur leider wisst
ihr nicht, was im Paket drin ist:

Ob Einmachglas mit Blaubeerbrei,
vielleicht noch mit Geschirr dabei,
ob Amboss oder Ziegelsteine.
Merkt ihr an dem Gewicht alleine
wie es den üblichen Transport
wohl übersteht, von hier nach dort??
Das wird am besten festgestellt
am Klang, wenn's auf den Boden fällt.

Es ändert manches, wenn es knallt,
den Wert, die Stückzahl und Gestalt.

Stichwortverzeichnis

Für Gedicht-Überschriften Seitenzahlen **fett** gedruckt.

Abessinien 128
Abraham 108
Adam und Eva **9**
Affe **9**,41,66,124,146
Afrika;Akkusativ ...52,128;41
Akten **9**,74,105,128
Aktie;Albtraum 107;**10**
Alkohol.................45,53,122
Alte;Alter 18,59,127;84
Altes Testament ..... →Bibel
Amerika **11**
Amtsdeutsch........73,82,114
Anästhesist.....................20
Angst 96,118
Anwalt....................20,105
Aphorismus 103,144
Apotheker.......................20
Arbeitspl...**10**,19,106,130,131
Arbeitstag **11**,86
Architekt 14
Arzt 61,74,141
Astrologie...............**11**,39,69
Atom;Augenmaß....14;55,79
Auto 47,51,52,55,98,101
Autoname **12**
Azubi............................122

Baby 25,147
Bad;Badezimmer 111;124
Balance.........................**18**
Banane 100
Bandit;Bär............**18**;12,133
Baukultur **14**
Bauplan;Bebra.....37;29,108
Beispiel 10,**19**,23,49,56,
................142,144,147,148
Bekanntschaft...............**19**
Bereuen 23,42,66
Beruf.........42,55,70,74,79
Berufe-Raten **20**
Beten 72,98,110,148

Beton 15-16
Bibel 9,22,40,72,73,
.........137,148,150,152,153
Blechlawine 134
Bohrmaschine 63
Böses 60,66,90,115,130
Braune (politisch) 72
Buch 79,90,120,129,145
Buchung **21**
Bumerang 95
Büro.........41,79,99,106,122
Büroschlaf **20**
Bus 10
Buß- und Bettag **21**
Butler 65

C-Dur 87
Christ..24,**25**,47,54,101,152
Christenleben **25**
Christus **22**,25,47,72
Computer;Cool **26**,78;**26**
....
Damen **26**
Dankbarkeit 59,85,111
Darwin 9,147
Demonstration **27**
Denken **26**,145,144,148
Denkmal **27**
Dichten **28**,92,151
Doppelklick 51
Dreizehn **36**
Droge 16,53,71,104,
Dübel 63
Dummh. ..**34**,39,111,133,141
Dunkelfirma **37**
....
Ego... ....**37**,54,102,135
Ehe 9,42,62,101
Ehre.........61,72,86,124,131
Ehrenplatz;Ehrenw.....67;43
Ehrgeiz 55,122
Ei 37,82,130
Eifer 13,39,100,126,134

Eiffelturm 148
Eigenart.........................**37**
Eile 95,120,132
Einfahrt;Ekel...............51;96
Elektrizität 52,119
Eltern 37,59,65
Enkel 59
Entschlossenheit.............**38**
Erdanziehung 49
Erde 58,66,85,105,138
Erfahrung **38**,75,77,78
Erfinder.... 38,**39**,128,129,133
Erfolg............................87,146
Erkenntnis 28,88,139,144
Esoterik **39**
Essen ... 19,22,42,60,79,127
Etikett 25,97,112
Euphorie;Eva 128;9
Evangelium 22,153
Evolution 9,146
Ewigkeit........**40**,67,108,109
....
Fachmann............77,78,86
Fahrrad 56,104
Fälle-Falle **41**
Familie X **42**
FDH (...die Hälfte).......**46**,127
Fehler 42,153
Feind 26,86,132
Fernsehen; Fest........**44**;**46**
Feuer,Feuerwehr 53,98
Film 18,35,44
Fisch;Symbol 146;25,**47**
Flecken;Fledermaus . 47;147
Fleiß,fleißig 13,20,26,28,
..45,80,87,111,122,124,126
Flugzeug 80,106,108
Forscher;Forschung... 48;49
Fortschritt **50**,78,124,133
Frau 42,47,62,127,136
Frechheit 26,29,**51**,123
Freund.....22,25,66,112,145
Frosch;Fundbüro........54;99
Fußball 20,99

Gag;Galaxien 71;138
Gangster 18
Garten 49,53,55,79,130
Gedächtnis 103,135,148
Gedanken 27,28,50,88,
.........................136,144,147
Gedicht 28,151
Gefahr...............**52**,132,134
Gefängnis 26
Gegner......................86,123
Geiz und Gier **51**
Geländewagen **51**
Geld 18,74,79,92,
....................99,106,128
Gelehrter....................49,79
Geltungsdrang ...115,122,139
Gemeinnutz **54**
Gen;Genie 37,146;88,126
Geo;Gerät.........11;129,133
Gerechtigkeit 18,23
Gerücht.........................137
Geschäftsmann 86,106
Geschmäcker **54**,94
Geschwindigkeit 12,**55**
Gesellschaft....................19
Gesicht 51,111
Gewerkschaft 10
Gewinde **56**
Gewinn 14,42,58,69,
.........................86,91,107
Gewissen...............**58**,62,72
Giftnudel **58**
Glaube 25,72,147,153
Gleichheit.................**58**,98
Globus **59**
Glück 19,35,50,**59**,79,96
Goethe..................9,31,144
Gott.............22,40,43,47,66,
....................98,105,110,147
Grab;Graham.......40,99;100
Grillen **59**
Großverdiener **59**,106
Grübelei 90,110,117
Gruß **59**,144
Gut und Böse.................**60**

Haar;haarig 54;**60**
Hai;Haken.......131;38,62,65
Halbwahrheit **61**
Hamburg...........54,121,138
Handeln 125,134
Händedruck **61**
Handwerk;Harfe 62,79;**61**
Haus 9,14,39,43,45,55,
....62,68,79,81,97,101,102,
.........105,125,133,138,145
Hausfrau..............64,79,101
Hawaii;Heimwerker ..131;**62**
Helfer **65**
Herr 45,62,113
Hierarchie 61,122,139
Himmel 23,40,60,**66**,67
Hitzkopf 113
Hobbykünstler 67
Hochhaus 14
Höflichkeit....................123
Hofnarr 84
Hölle 60,67,124
Holz;Holzweg **68**;126
Homo Sapiens light 99
Horizont 139
Horoskop 11,**69**
Hühnerauge..................125
Humor.................45,66,**70**
Hund............52,88,117,122
....

Ich-auch-Syndrom 124
Ideen 28,50,124
Ideologie.......................**72**
Idiot;Idiotie 26,61,133;72
Ignorant **73**
Indianer 87
Information **73**,74,82
Informations-Flut **74**
Ingenieur 74
Insekt............................52
Inspiration................88,128
Interesse...................**79**,82
Internet 78
Investor....................16,106
....

Jammern......................125
Jesus...........22,25,47,66,72
Journalist....................78,**79**
Jünger (in der Bibel)........22
Jüngster Tag 10,18,40,60
Junkies...........................16
....

Kaffee 128
Kalender.......................144
Kampf...........................132
Kapital 106
Karriere **79**
Kauen **79**,103
Kellerassel 48
Keule 132
Kilometer 55,142
Kind .. 42,52,66,**80**,101,127
Kinderschar..................146
kindisches Verhalten.....127
Kirche 24,72
Kirchenbank **81**
Kitsch, Krimskr.&Co **81**
Kladde 89
Klartext **82**
Kleingeist......................**83**
Kleptokrat 27
Klettermaus 49
Kloppe 51
Knochen;-bau......... 117;137
Kollekte;Komödie 117,44
Kompass 21
Kompromiss **83**,123
Konferenz **83**
Kongo 111
König und Hofnarr **84**
Konkurrenz **86**
Könner...........73,74,**87**,124
Konto 18,49,142
Kopf.......34,36,44,71,75,99,
.........................113,125,144
Kosme-Tick **87**
Kosten 10,37,65,74,86,107
Krankenschein 92
....

Kreis 102,134
Kreuz; - u. b(Musik) 23;**87**
Krieg 42,50
Krimskrams 81
Kritik;Kritiker 118;32
Krokodil........................18,52
Kugel 102
Kultur 14,50,68,118,123
Kunde 86,137
Kuno-Mumpel-Preis........48
Kunst 67,**88,89**,91,124
Kursmessung 21
....

Labor,Lagerfeuer ..119;132
Landwirt;Langeweile...49;19
Lärm 20,125,134
Launen.........................136
Leben..........17,20,25,72,82,
...............84,**89**,122,123,146
Lehrer 20,32,34,111
Leichtsinn 18
Leid........34,50,55,70,72,**90**
Lesen..............19,28,37,53,
...................69,74,79,96,144
Leser.............74,77,142,149
Licht.......53,88,104,107,141
Lichtenberg......103,144,150
Liebe..........25,72,**90**,96,130
Limerick 32
Liste 61,69,105
Lob.................69,90,**91**,129
Loch.....................62,77,116
Logik 147
Los,Lotto........................**91**
Löwe....................41,52,133
Lyrik 30,88
....

Mäandertal..................129
Mahnung;Maid.........36;127
Malerei...........88,89,91,124
Mama............................65
Mancherlei manch **92**

Maschine........56,62,80,141
Maß 54,127,136
Materialismus **92**,99
Mathematik 102,105,122
mega-in,mega-out 94
Meinung.........................123
Menetekel.....................137
Menschheit..............50,131
Messgerät 48,136
Mieter,Mietskaserne...14-17
Mikroskop 129
Milliarde,Million 138,142
Millionär 107
Minderwertigkeits-K. **92**
Mischung........................60
Missgeschick.......19,77,126
Missing Link 133
Missverständnis **93**
Mist.........16,45,118,129,138
Mitläufer........................**94**
Mittelalter.......................39
Mittelmäßigkeit 55,**93**
Mode **94**
Mond 132,138
Mops **94**
Moral **95**,133
Motorrad (Krad) 12
Müll 17,64,118
Musenkuss 15
Musik 17,61,87
Muskel 123,137
Muße **95**
....

Nachbar 19,59,63,114
Nachrichten 44,90,**96**,142
Nachwelt 50
Namenlos **97**
Nasentropfen................125
Natur 50,146
Neid 91,106
Nest 54,131,146
Neues Testament....➔Bibel
Neureich **97**

New Age 39
Nobelkarosse **98**
Normen 15-16,32,76
Noten transponieren 87
Notruf **98**
Null 71,**98**,102,122,142
Nummer 78,**99**
Nutzen....... 54,102,134,142
....

Oberflächlichkeit....... 27,**99**
Obst **100**
Oma,Opa 53,59
Opfer ..23,79,90,117,123,144
Opferbereitschaft **100**
Opportunist **101**
Ordn. 78,**101**,131,135,147
Ostern 22,82
....

Paketzusteller 155
Panne, Papa **101**;52,65
Papier........... 68,74,120,125
Paradies 9,40,60,**66**,67
Paragraphenreiter 16
Paris;Partitur 148;87
Pastor 103,124
Paulus, Apostel 73
PC 26,78
Pensum 11
Personalunion 34
Pfingsten 24
Pflanze 53,105,130
Phlegoist **102**
Pi Komma null **102**
Pillen 53,103
Plan 15,37,38,77,120,136
Planet;Planung.. 14,138;135
Politik 18,27,50,72
Polizei 98
Predigt.............. 23,43,**103**
Presse ....➔Zeitung
Privataudienz 110
Problem........ 57,90,96,**103**,
.... 113,129,135

Profit 17,106
Prominenz 19,115,145
Prozent 79,96,139,142
Publikum 45,133
Puzzle.......................29,148
....

Qnst (Kunst)...................67
Qualm,Qualität...............**104**
....

Rabatt 86
Rache **104**
Radler 56,**104**
Rapunzel-Suppe..............60
Rasse 115,146
Rat...............30,73,145,154
Rationalisierung............**105**
Raubtier........13,52,125,132
Rechenschaft...............147
Rechnen 102,**105**
Recht 40,50,72,105,123
Rechtsanwalt...........20,**105**
Rechtsbrechung **105**
Registratur............9,74,**105**
Reißverschluss...............39
Reichtum 92,**106**
Reim 28-29
Reise, letzte........ 84-85,109
Reiter **108**
Rente 48,105,**108**
Reptil 146
Resignation........18,117,125
Retorte..........................20
Rettungsring 137
Rheuma 111
Richter 105
Richtung 10,**109**
Ruf..................105,115,123
Ruhestand 108
....

Sachlichkeit................123
Saiten/Seiten 61
Sammlung 74,143
Säufer...........................16
Säugling....................18,147

Säulen 15
Schaden 49,53,136,142
Schaltplan....................120
Scharlatan 88
Scheinheiligkeit **109**
Schimpfen 34,42,47,125
Schlaflosigkeit **110**,117
Schlagertext **110**
Schlange 41,52
Schlechtigkeit **111**
Schlips....................35,125
Schmerz 41,42,**111**,122
Schnulze......................110
Schönheit **111**,87
Schöpfer,Schöpfg. ...105,147
Schraubstock 129
Schuld 16,23,35,42,**111**
Schule ...20,43,55,**111**,122
Schwerathlet.................137
Seepocken 48
Sein+Schein .32,89,109,**112**
Selbstbeherrschung ...**113**
Selbsterkenntnis.....111,118
Sender...........................44
Shredder......................**114**
Sicherheit 105
Siel 45
Silben 29,92,**114**
Sippenhaftung 105,**115**
Skepsis 143,147
Skorpion 52
Skulptur..........................88
Slogan 138
Snob 89,**115**,139
Socke **116**
Sonne....43,68,107,114
Sonnensystem 14,138
Sorge 107,110,**117**,125
Sorgfalt..........................38
Souvenir 9
Spannung 28,119
Sparen;Sparer....106;**117**
Spaß........................71,86
Spaziergang 95,**117**
Spende **117**

Spesenritter.................. **118**
Spiegel;-bild ... 51,62,94;**118**
Sprachverungung......... 114
Sprichwort 70,76,131,143
Spritverbrauch............. 101
Spruch..............34,131,143
Spukgestalt 87
Spur.............. 16,51,88,**118**,
.... 119,126,148
Stadt........................ 134,142
Stahl 134
Starkstrom-Labor **119**
Steinzeit ....128,(129,132)
Stellenwert **122**
Sterben...... →Alter,Ewigkeit
Stern............ 11,13,107,138
Steuer... 21,49,106,127,142
Stiftzahn **122**
Stöhnen 44,63,125
Storch 54
Strand........................... 127
Straße 52,53,57,80
Straßen-Idyll................. **122**
Streber 55,**122**
Streit..... 25,35,42,87,90,122
Streitkultur **123**
Striptease..................... **124**
Strom.......................52,119
Strophenform 30-32
Stümper.....................73,124
Sturheit 40,102
Sündenfall 9
Suppe 60,71
System 14,76,105
....

Tabak......................53,104
Tabelle 87,137
Talar............................ **124**
Talent 88,**124**
Tapete **125**
Tarnung......................... **125**
Täter............................. 18
Tat.....................66,72,134
Taufe............................ 25
Telefon-Spezialgerät....... 49

159

Testament......................81
Teufelskreis 134
Text..........29,73,82,110,114
Therapie **125**
Tier 41,52,68,105,118,
..............125,130,132,147
Tiger 52,**125**
Titel.............44,92,123,**126**
Tomaten 27
Tortur 126,141
Tot 23,40,41
Tradition;Tragödie 56;121
Trampelpfad **126**
Tränen 125
Transponieren 87
Traum 10,94,148
Trend 34,94,126
Treppensteigen..............127
Tresor 59
Treueschwur..................136
Trigamie.....................**127**
Trotz **127**
Tüftler 38,39,**128**,133
....
Uebel......................40,142
Überblick 59
Umkehrschluss...............88
Umsatz 86
Umweg **129**
Umwelt.........17,50,101,118
Unauffälligkeit 93
Unaufrichtig **129**
Unfall 36,104
Unfehlbarkeit 123
Unkenntnis **129**
Unkraut.......................**130**
Unlust **130**
Unordnung.............9,81,**131**
Unterkiefer 141
Unternehmer..........106,**131**
Unterschied 11,26,112,
..........118,122,**131**,136,137
Urmensch 129,**132**
Urteil 34,129,137,145
USA 11

Verachtung 131
Verbrechen.....18,50,72,105
Verdacht.....................**134**
Verdienst.............59,65,106
Verehrer 81
Vereinheitlichung...........114
Vererbung 81,146
Vergangenheit..............**134**
Vergeben........25,42,85,123
Vergnügen.............106,134
Verkehr (Straße) 42,**134**
Verlag.........................78
Verlegt?;Verleihen..**135**;**136**
Vermessen **136**
Vernunft;-ehe **136**;136
Vers.................28,118,125
Versagen.............111,147
Verständlichk.......82,93,114
Verstimmung 123
Versuchung 21
Verzeihen 25,42,123
Vielfalt......................15,105
Vollgas 55,109
Vorsorgen....................117
Vorurteil 105,115,**137**
....
Waage........46,92,127,**137**
Wagen ....→Auto
Wahl 40,44,55,75,86,98
Wahrheit.........29,50,61,72,
.............75,90,123,137,148
Wald 126,132,142
Wanderer 23,48,118,126
Wärter 41
Weg.........50,78,95,126,129
Weisheit 72,92,123,144
Welt .17,22,33,34,59,90,142
Weltall...............47,**138**,139
Weltgeschichte....50,72,127
Werbung..................45,**138**
Werkzeug 52,135,136
Western-Film.................18
Wetter......44,59,76,114,**138**
Wichtigtuer **139**

Wissen ..34,74,124,128,**139**
Wissenschaft......9,14,35,48
Wissenslücken 34,139
Witz 28,45,71,74,**139**
Wohlstand 80,92,97,106
Wohnung...42,62,66,81,142
Wolf 94,133
Wunder 24,116,146,148
Würdenträger 61
Wut.....................96,123
....
Xanthippen **140**
....
Ypsilon.......................**140**
....
Zahl......36,98,102,138,142
Zahn ...12,111,122,141
Zahnarzt..................20,**141**
Zähnerie (Szenerie) **141**
Zahnrad....................141
Zahnschmerz 111
Zebra.......................29,108
Zeitgeist 34,39,94,**141**
Zeitgeschehen 96
Zeitschrift 74-78,144
Zeitung 78,90,96,142,144
Zeitungszahlen **142**
Zettel 9,74
Ziegelstein 14
Ziel ...21,30,35,72,78,85,95,
..............107,128,144
Ziffer 142
Zimmer..........42,64,82,125
Zitate **144**
Zoo 41
Zufall 19,69,87,128,142,
.........................**146**,148
Zweifel.....................97,**148**